고향이 뭐길래

고향이 뭐길래

초판 1쇄 인쇄 | 2023년 08월 15일
지은이 | 한명희
펴낸이 | 이재욱(필명:이승훈)
펴낸곳 | 해드림출판사
주 소 | 서울 영등포구 경인로82길 3-4(문래동1가 39)
센터플러스빌딩 1004호(07371)
전 화 | 02-2612-5552
팩 스 | 02-2688-5568
E-mail | jlee5059@hanmail.net

등록번호 제2013-000076
등록일자 2008년 9월 29일

ISBN 979-11-5634-551-0

고향이 뭐길래

한명희 수필집

해드림출판사

작가의 말

물에 묻힌 내 고향 분원마을

나에게는 사랑하는 딸이 넷이 있는데, 태어난 곳이 각기 다르다. 내가 젊었을 때, 가정 형편상 이사를 자주 하다 보니 그렇게 되었다. 딸들은 서울 면목동에서 초·중학교를 주로 다녔고, 목동에서 고등학교와 대학을 다녔다. 그리고 직장 생활은 경기도 구리시에서 시작했다. 첫애와 막내는 초등학교를 세 번이나 옮겨 다녔다.

중년이 된 네 딸이 어려서 살았던 면목동엘 다녀왔다고 한다. 내가 거긴 왜 갔느냐고 물으니, 그냥 가보고 싶어서 다녀왔다고 한다. 그러면서 면목동은 몇 번 가보았으나 예전과 크게 달라지지 않고 옛 모습을 그대로 지니고 있어서 정감이 간다고 했다. 아마도 고향 대신 다녀온 듯하다.

내가 젊었을 때, 이사를 자주 하다 보니 우리 딸들에게서 고향이라는 마음의 안식처를 자연스레 빼앗게 되었다. 그래서 지금도 딸들에게 미안한 생각을 하고 있다.

내 고향은 경기도 광주시 남종면 분원리이다. 나는 '분원'

에서 태어나 그곳에서 자랐고, 직장 생활도 그곳에서 시작하였다. 그래서 '분원'은 내 삶의 뿌리가 되었다. 그런데 한강에 팔당댐이 생기면서 촉성재배지로 널리 알려진 고향의 넓은 벌판은 물에 잠기고, 가옥은 모두 헐리었다. 그래서 고향 사람들은 각기 살길을 찾아 뿔뿔이 흩어져야 했다.

그 후, 고향은 쇠락하여 자그마한 마을이 되었고, 내가 고향엘 가도 아는 사람을 만나기가 쉽지 않다. 그러한 고향이지만 나는 늘 마음에 한 폭의 아름다운 수채화를 그려놓고, 마음이 답답하고 울적할 때나 어릴 적 친구가 생각이 날 때면 가끔 고향을 찾는다. 그리고 성묘를 하기 위하여 고향을 찾기도 하였으나 이제는 산에 오르는 것이 힘에 부쳐 마음으로만 고향을 찾고 있다.

나이 들다 보니 모든 일이 힘에 겹다. 이제 고향에 대한 막연한 그리움도 내려놓아야 할 것 같다. 그런데 고향에 대한 그리움을 막상 내려놓으려니까 한 가지 아쉬움으로 남는 것이 있다. 그것은 고향 '분원'에 대한 역사적 이야기를 능력이 부족하여 제대로 정리하지 못한 일이다. 그렇지만 부족한 대로 분원 마을의 형성 과정, 주민 생활 모습 등을 내 나름대로 정리하여 보았다. 향토사 연구에 작은 보탬이 되었으면 좋겠다.

한 가지 특별한 바람은 가톨릭의 정약종 성인이 분원에 살 때, 정하상 바오로 성인과 정정혜 엘리사벳 성녀가 태어났다고 하는 데, 그것이 사실인지, 사실이라면 태어난 주소를 확인하여 그 터에 작은 기념비라도 하나 세웠으면 하는 바람이다.

이 글을 통하여 수상교통의 중요성을 깨닫고, 분원 마을의 발전과정과 쇠퇴 과정에서 겪었던 백성들의 고단한 삶을 알아보고, 뿔뿔이 흩어진 분원 사람들이 고향이라고 찾아왔을 때 그들을 위로하고, 조선백자의 영원한 고향 분원의 발전과정과 쇠퇴 과정을 역사에 남기기 위하여 늦었지만 작은 기념관이라도 하나 마련하였으면 하는 간절한 바람을 가져본다.

고맙습니다! 사랑합니다! 늘 행복하시기 바랍니다!

2023년 여름

笑品 韓明熙

차례

3. 호수에 잠든 내 고향

4. 개밥지기

5. 다시 서 보고 싶은 교단

6. 임종체험

1. 기름집 아들

어린 영혼

기름집 아들

빛바랜 사진첩

흰 고무신

생일맞이 성묘

외로운 섬, 아버지

어린 영혼

어린이가 죽었을 때 우리는 흔히 '어린 영혼 고이 잠들게 하소서' 하고 기도를 올린다. 이 기도대로라면 영혼도 '어린 영혼', '젊은 영혼' 등으로 구분할 수 있다는 이야기가 된다. 이때, 어린 영혼은 영겁의 세월을 계속 어린 영혼으로 존재하는 것인가? 아니면 인간 세상처럼 늙어 가는 것일까? 그리고 수를 헤아릴 수없이 많은 그 영혼들은 어디에 어떠한 모습으로 존재할까.

연말정산에 필요하다며 딸아이가 떼어온 호적등본을 보다가 일 년 남짓 이 세상에 살다가 저세상으로 간 넷째 남동생 중희(重熙)의 제적 난에 눈길이 멈추어졌다. 중희는 1950년 1월 20일 출생하여 1951년 3월 20일 사망한 것으로 되었으니까 정확하게 14개월을 살다가 간 것이다. 그러니까 6·25 전쟁이 나던 해에 출생하여 다음 해 3월 피란지에서 사망하여 그곳에 애총을 썼다. 1·4 후퇴 때 나는 부모님과 따로 피란하였기에 피란에서 돌아와서야 그가 죽은 사실을 알았다.

그 후 어머니도 아버지도 중희의 죽음에 대하여는 한마디 말씀도 없으셨다. 그냥 가슴에 한으로 묻어두고 잊어버린 듯 지내셔서 우리 형제자매들도 그의 존재를 완전히 잊고 지냈다.

피란지에서 돌아온 후, 부모님은 2남 2녀를 더 두시어 우리 동기(同氣)는 6남 3녀가 되었으나 어려서 죽은 중희는 아예 빼고 8남매로 살아왔다. 아래 네 동생은 우리 동기가 처음부터 8남매로 알고 자랐을 것이다.

이렇듯 온전하게 그를 잊고 지내다가 우연히 호적등본 제적 난을 보고 그의 존재를 다시 기억하게 되었고, 그와의 인연을 되돌아보게 되었다.

그 어린 영혼은 이승에서 우리 가족과 가졌던 인연을 기억이나 하고 있을까? 만에 하나 그 인연을 기억하지 못한다면 이 세상에서의 인연은 저승에서는 하나의 물거품과 같은 것인가?

동생 중희는 1년을, 어머니는 44년을, 아버지는 86년을 이 세상에 머물다가 저세상으로 가셨다. 어머니와 아버지는 함께한 시간이 길어서인지 생전의 모습이 눈에 선하고 지금도 많이 보고 싶고 그리운데, 동생은 그 모습도 전혀 기억나지 않을뿐더러 애틋한 정도 느껴지지 않는다. 그가 이 세상에 있었다는 사실조차 믿음이 가지 않을 정도이다.

죽은 동생의 영혼이 저세상 어딘가에 살아 있다면 그의 존재를 철저하게 외면해온 우리 가족에게 서운한 마음이 얼마나 컸을까? 얼마나 외로웠을까?

굿판을 벌여 그의 혼백이라도 불러다 어린 영혼의 넋두리라도 들어보고 싶다. 그러나 어린 동생은 말을 하기도 전에 이 세상을 떠났으니 무당의 입을 빌려도 푸념조차 들어볼 수 없다고 생각하니 그 영혼이 더 불쌍하다. 그 불쌍한 영혼과 내가 피를 나눈 형제가 되도록 한 큰 인연은 필연이었을까? 우연이었을까? 그리고 기억에서조차 지워진 그 인연의 의미를 어떻게 설명해야 할까?

인연에는 지연(地緣), 학연(學緣), 혈연(血緣) 등 여러 가지가 있다. 그중에서 피를 나누었기 때문에 맺어진 혈연은 사람의 힘으로는 끊기가 쉽지 않다. 피를 나누었다는 사실 하나만으로 사랑하고, 그리워하고, 용서하고, 이끌리는 마음이 생겨나 서로 아끼고 도우며 살아간다.

이렇듯 큰 인연으로 맺어진 동기인데 우리는 그를 잊고 살아왔다. 사실 우리 가족과 중희 라는 어린 영혼과의 인연은 그의 죽음으로 이미 끝났다고 보아야 옳을 것 같다. 한 살배기 영혼도 틀림없는 하나의 독립된 혼백인데 나와의 인연이 그의 죽음으로 완전하게 소멸되어 없어진다면 나와 내 부모와의 인연도 똑같이 죽음으로 끝이 난다는 결론에 이르게 된다.

그렇게 크고 소중한 인연이 이승에서의 삶으로 모두 끝나고 무(無)로 돌아간다면 이승에서의 삶이 너무 허무하지 않은가.

천병상 시인은 그의 글 '귀천'에서 이 세상살이를 갑갑한 마음을 풀기 위하여 바람을 쐬는 소풍에 비유하고 있다. 그의 글대로라면 영혼은 그 본향이 따로 있고, 이승에서 이루어진 크고 작은 인연은 소풍 길에 스치고 지나간 바람에 불과한 것이 된다. 인간 삶이란 것이 그렇게 허망한 것인가.

영혼은 틀림없이 존재하고 불멸한다고 믿는 사람이 수를 헤아릴 수 없이 많이 있다. 그 영혼이 저승에 가서는 이승에서의 모든 인연을 잊고 새로운 영혼으로 살아간다면 그 영혼은 이승을 떠날 때 이미 없어진 것으로 보아야 한다.

영혼과 영혼이 이승에서의 상호 관계를 모르게 된다면 이승에서의 가족이 갖는 의미를 어떻게 설명해야 할지 생각하면 생각할수록 가슴이 답답해진다.

하여간 나는 영혼이라도 이승에서의 인연이 저승에서도 좋은 인연으로 이어지길 바란다. 그래야 이다음 내가 저승엘 가서 어린 동생의 영혼을 만나볼 수 있기 때문이다. 그리고 동생의 혼백을 만나면 철저하게 외면하고 살아온 지난 일을 뉘우치고, 진심으로 용서를 구할 생각이다.

(월간 『문학저널』 2007년 7월호)

기름집 아들

나의 부모님께서는 생계를 위하여 농사를 지으면서 부업으로 기름 짜는 일을 하셨다. 그래서 5일장이 서는 날이면 우리 집은 기름 짜러 오신 근동(近洞)의 아주머니들로 종일 북적거렸다. 그때부터 나는 자연스럽게 '기름집 아들'로 불렸다.

어린 나에게는 기름집 아들이라는 호칭이 마음에 거슬리고 싫었다. 그러나 내가 좋아하든 싫어하든 간에 동네 어른들은 나를 그렇게 불렀고, 내가 장성하여 고향에서 교사 생활을 할 때도 학생들 앞에서까지 '기름집 선생'이라고 불러 나를 곤혹스럽게 하였다.

나는 어려서 '명희'라는 본명 대신 '태희'라는 아명을 쓰고 자랐다. 그것은 동네 어른 중에 '명희'라는 함자를 쓰시는 노인이 계시어, 촉휘(觸諱)가 된다고 하여 부득이 '태희'라는 아명을 쓰게 된 것이다. 그러다가 초등학교에 입학하면서 '명희'라는 내 본 이름을 찾게 되었다.

내 고향 광주(廣州) 분원(分院)은 조선 관요(官窯)가 있던 곳이어서 조선백자 도요지로 유명하다. 그리고 남한강과 북한강이 만나는 곳이어서 수상교통이 크게 발달하여 일찍이 큰 마을을 이루었다. 내가 어릴 적만 해도 사백여 호의 가구가 모여 살았다. 이렇듯 마을이 크다 보니 가까운 이웃 말고는 다른 집 아이에는 관심이 없었고, 누구네 아이인지 알아보기가 쉽지 않았다.

내가 어쩌다 친구 집에 놀러 가면 어른들께서는 나를 알아보시지 못하고 누구냐고 종종 물어보신다. 그럴 때마다 내가 '명희'라고 대답을 해도 어른들은 내 이름을 들어보지 못하신 까닭에 어디에 사느냐고 되물으신다. 내가 바로 대답을 못 하고 머뭇거리면 친구들은 답답하다는 듯이 기름집 아들 '태희'라고 대신 대답을 한다.

그제야 어른들은 '네가 기름집 아들 태희구나.' 하시면서 아는 체를 하셨다. 그러고는 아버지를 도와 농사일과 기름 짜는 일로 바쁘시게 사시는 어머니의 부지런함과 음식 솜씨를 칭찬하였다. 그때도 어머니를 칭찬하는 소리는 듣기 좋았는데, 기름집 아들 소리는 귀에 거슬렸다.

지금 생각하면 부끄러울 것이 하나도 없는 일인데 그때는 그 소리가 왜 그리도 듣기 싫었든지…. 하기야 어른이 되어 교편을 잡고 있을 때도 '기름집 선생'이라는 소리가 듣기 싫었으니 어릴 적에는 짐작이 가고도 남을 일이었다.

어느 해 봄, 화단을 정리하면서 작은 돌을 주워오라고 하였더니 한 아이가 논둑의 돌을 빼어온 모양이다. 동네 어른 한 분이 학교에 오셔서 '기름집 선생 어디 있어?' 하시면서 큰소리를 치셨다. 기름집 선생이 어때서 그때는 그토록 부끄러워했는지….

동네 어른들은 학교에 불만이 있으시면 교장, 교감을 찾는 것이 아니라 만만한 '기름집 선생'부터 찾았다.

나는 학교에 근무하면서 토요일 오후나 일요일에는 기름 짜는 일도 돕고, 논밭에 나가 김매기도 하면서 부모님 일을 부지런히 도왔다. 그런데 우리 반 아이들은 자기 선생이 막 일하는 것을 못마땅하게 생각하고 마음에 들어 하지 않는 눈치였다.

'기름집 아들'이라는 호칭을 한동안 잊고 지내왔는데 오늘 의외 자리에서 '기름집 아들'이라는 소리를 오랜만에 들었다.

캐나다에 이민한 친구 Y가 모처럼 다니러 나왔다. 오랜만에 만난 Y와 국수 공장으로 성공한 J, 그리고 나, 셋이서 술을 한잔하였다. 그 자리에서 J가 느닷없이 '기름집 아들 한잔해.' 하는 것이었다. 그 소리를 듣는 순간 그동안 잊고 지냈던 어린 날이 한 폭의 그림처럼 스쳐 지나갔다. 나도 웃으면서 '국숫집 아저씨도 한잔해.' 하고 맞장구를 쳤다. 그리고 우리는 한바탕 웃어댔다. 그동안 잊고 지냈던 '기름집 아들'이라는 말 한마디가 아련한 추억으로 다가와 내 마음을 촉촉하게 적시었다.

사실 이제는 '기름집 아들'이라는 소리가 친근하게 느껴지면서 정겹게 다가온다. '살 만큼 살았으니 어떻게 불린들 어떠하겠는가?'라는 생각에서 인지 아니면, 부끄럽지 않게 살아온 나에 대한 믿음 때문인지는 몰라도 '기름집 아들'이라 불리던 그 시절이 그리움으로 다가오기도 한다.

지금은 흔적조차 찾아볼 수 없는 고향 집, 장날이면 동네 아주머니들의 살아가는 이야기로 꽃을 피우던 기름집, 힘겹게 기름틀을 돌리시던 아버지, 8남매를 키우면서 농사일하시랴, 기름 짜는 일 도우시랴 고단하게 사시다가 겨우 마흔넷 젊은 나이에 돌아가신 어머니, 모두가 그립고 보고 싶다.

'기름집 아들'이란 호칭을 부끄럽게 생각하고, 어려웠던 어린 시절을 기억 속에서 지워버리고 싶다던 나였다. 그러한 내가 그 시절 이야기를 글로 남기면서 마음 아파했던 유년 시절을 그리워하고 있으니 내가 늙기는 늙었나 보다.

(졸저 『참을 걸 베풀 걸 즐길 걸』 2006년)

빛바랜 사진첩

정말로 오랜만에 서가를 정리하다가 빛바랜 다섯 권의 초등학교 졸업 사진첩을 발견하였다. 표지에는 '추억'이라는 단어와 '1969'라는 숫자만 달랑하니 적혀 있었다. 그 속에는 110명 학생의 흑백 얼굴 사진과 가을 운동회, 수학여행 등 그때를 회상할 수 있는 사진 몇 장이 촘촘히 들어있다. 그러니까 모두 10매로 된 이 보잘것없는 사진첩이 나의 마음을 아련한 추억 속으로, 작은 아픔으로 떨게 하였다.

1964년 나는 고향 마을 중학교에서 교직을 시작하였으나 팔당댐의 착공으로 학교가 문을 닫게 되어 부득이 분원초등학교로 1967년 직장을 옮겼다. 당시 나의 모친께서는 44세의 젊은 나이셨는데 갑작스럽게 돌아가시게 되어 나는 고향을 떠날 수 없는 형편이 되었다. 그래서 같은 마을의 초등학교로 직장을 옮기게 된 것이다.

분원초등학교는 시골 학교지만 오랜 전통을 지닌 학교로

졸업생 중에는 훌륭한 인재도 적지 않았으며, 나도 이 학교 28회 졸업생이다. 나는 분원초등학교에서 2년 가까이 근무하다가 기회가 주어져 교육부 직속 기관으로 자리를 옮겨 서울 생활을 시작했다.

내 자랑 같지만, 분원초등학교에서 나는 많은 일을 하였다. 우선 전국의 초등학교 교사들이 수업 참고 자료로 활용하던 월간 '교육자료'에 자연과 학습지도안을 연재하였고, 현장 연구교사로 1인 1 연구를 추진하여 입상도 하였고, 과학작품을 만들어 보겠다고 서울대병원 기생충학 연구실을 드나들기도 했다.

이렇듯 나를 장황하게 설명하는 것은 객관적 기준으로는 그런대로 좋은 교사였으나 실제 학생들에게는 인기가 별로 없었기 때문이다. 아마 그 까닭은 내가 그 마을에서 태어났고, 그곳에서 성장했을 뿐만 아니라 집의 농사일을 돕느라고 리어카도 직접 끌고 다니고, 물지게도 지고 다니다 보니 나이 어린 학생들 눈으로 볼 때, 선생님에 대한 기대감이 깨어졌기 때문이 아닌가 하는 생각이 든다.

그때, 참 열심히 가르쳤고 일도 열심히 하였다. 지금 돌이켜보아도 부끄럽지 않은 교직 생활이었다.

그런데 낡은 졸업사진 첩을 보는 순간 아름다운 추억 사이로 아주 부끄러운 나의 모습을 발견하게 되었다. 그때 내가 담임을 맡았던 6학년 2반 학생은 54명이었는데 지금 어디에서 어떻게들 살고 있는지 궁금하고, 보고 싶다. 고향이 팔당댐으로 수몰되지 않았더라면 지금과 같이 뿔뿔이 흩어져 살지 않고 자주 만나볼 수 있을 터인데 하는 생각을 하니 더욱 안타까운 생각이 든다.

54명의 졸업생 가운데 돈이 없어서 졸업 사진첩을 찾아가지 못한 학생이 몇 명 있었다. 지금은 그 값이 얼마였는지 생각도 나지 않지만 아주 적은 돈으로 기억되는데 일부 학생들에게는 부담이 된 것 같다. 지금도 분명하게 생각나는 것은 사진첩값을 내지 못한 학생들에게 지금 내가 보관하고 있는 사진첩을 졸업식 날 그냥 나누어주려고 한 일이다.

그런데 6학년 1반을 담임하셨던 강 선생님께서 무상으로 그냥 나누어주면 내년 6학년 학생들 졸업 사진첩 만드는데, 영향을 줄 수 있으니 당분간 한 선생이 보관하는 것이 어떻겠냐고 하기에, 나는 선배 교사의 의견도 존중하고 다음 6학년을 담임할 교사를 배려하겠다는 마음에서 별생각 없이 그 사진첩들을 그냥 보관하였다. 그리고 5개월 후 나는 서울로 직장을 옮기게 되었고, 성의 부족으로 그 일을 까맣게 잊고 지내왔다.

내 서가에 묻혀있는 낡은 사진첩이 내게 아픔으로 다가오고 있는데 그때 그냥 나누어주었다면 그 사진첩은 아주 귀중

하고 사랑받는 사진첩이 되었을 것이다.

잠시 나의 그릇된 판단과 성의 부족으로 인하여 귀한 사진첩이 쓸모없는 빛바랜 사진첩이 되고 말았다.

결과적으로 스승이라는 사람의 분별없는 행동이 사랑하는 제자들의 소중하고 아름다운 추억을 빼앗은 꼴이 되었구나, 생각하니 후회스럽고 부끄러운 마음에 몸 둘 바를 모르겠다. 지금이라도 그 사진첩을 돌려주고 싶은 마음은 간절하나 그때 사진첩을 받지 못한 학생이 누구인지조차 생각나지 않으니 돌려줄 방법이 없다. 너무나 많은 시간이 흘러 마음만 안타까울 뿐이다.

가을 대운동회 장면, 졸업여행 중 관람했던 제1회 무역박람회, 덕수궁 박물관, 인천 맥아더 장군 동상 앞에서의 단체사진 등은 그들에게 정말 소중한 추억을 불러낼 수 있을 터인데, 어리석은 교사가 훼방꾼이 되었구나, 생각하니 얼굴마저 화끈 달아오른다.

부끄러운 마음으로 사진첩을 뒤적이다 보니 그때의 일들이, 그때의 모습들이 주마등처럼 스쳐 가면서 어제의 일처럼 선명하다. 지금은 40대 중반을 넘어선 장년이 되었을 터인데 어떤 모습으로 살아갈까? 그들도 간혹 지난날 초등학교 시절을 회상하면서 그때의 비정한 담임선생 생각을 한 번쯤은 해 보았을까? 궁금하다.

분원초등학교 45회 졸업 사진첩이 제 주인을 찾아가지 못하고, 교사였던 내가 가지고 있어서 빛이 바랬고, 그 빛바랜 사진첩이 만남의 소중함과 헤어짐의 아픔을, 시간의 덧없음을 깨닫게 하고 있다. 그리고 돌아갈 수 없는 30여 년 전의 일들이 아련한 추억으로 되살아나 내 마음을 아프게 저며 오고 있다.

(『삶터문학』 2001년 6월호)

흰 고무신

얼마 전 망우산에 올랐다가 능선을 따라 아차산 쪽으로 내려온 일이 있다. 내려오는 길에 대성암에 잠시 들렀다. 대성암 자체는 작은 절이지만 자연경관은 일품이다. 대성암에서 내려다보면 푸르른 한강이 손에 잡힐 듯하고, 검단산 아래 광활하게 펼쳐진 넓은 들은 마음 문을 시원하게 열어준다.

나는 대성암의 경관에 대하여서는 찬사를 보내면서도 절 자체에 대하여는 비판적이다. 언제인가 오래전 하산 길에 물 한 그릇 얻어 마시려고 대성암에 들렀다가 스님이 어찌나 짜증을 내는지 다툴 뻔한 일이 있기 때문이다. 물론 스님으로서는 수없이 찾아드는 등산객에게 물을 보시하는 일이 귀찮고 짜증스러운 일이었을 것이다. 그러나 한번 들른 내 입장에서는 서운한 생각이 들어 속내를 털어놓고 바로 후회한 일이 있다.

그날은 물을 마시려고 들린 것이 아니라 잠시 쉬어 땀을 식히고 우미내 쪽으로 내려오기 위해 들린 것이다. 대성암은 대웅전이 한강을 향해 자리 잡고 그 옆으로 조그마한 살림집 한 채가 있다. 그 살림집 댓돌 위에 흰 고무신 한 켤레가 덩그러니 놓여있었는데 그 고무신이 내 마음을 흔들어 놓았다.

댓돌 위의 흰 고무신 한 켤레를 보는 순간 신선하다는 느낌과 함께 고무신의 주인은 선한 사람일 것 같다는 막연한 생각에 고무신에서 눈을 뗄 수가 없었다. 사진이나 그림으로 남겨 놓으면 좋은 작품이 되겠다는 생각이 들기도 했다. 그 고무신의 주인이 여자 스님이면 신은 모습이 더 아름다울 것 같다는 생각을 하면서, 신발 주인이 문을 열고 나오길 한참이나 기다리다가 기척이 없어 그냥 내려왔다.

우리 세대는 검정 고무신이나 흰 고무신을 한두 켤레 신어보지 않은 사람이 없을 정도로 고무신과는 사연이 많다. 나도 어려서는 검정 고무신을 신다가 조금 커서는 검정 운동화를 신고 자랐다. 그리고 대학에 들어와서는 목 짧은 군화와 흰 고무신을 즐겨 신었다.

내가 흰 고무신을 즐겨 신은 것은 신발값이 싸기도 했지만, 검정 작업복에 그런대로 어울려 보였기 때문이다. 대학 졸업식 날도 어떻게 하다가 구두가 준비되지 않아 양복에 고무신을 신고 졸업식장엘 갔다. 친구들은 별난 놈이니까 할 수 없다고 생각했는지 아무 말도 없었는데, 나 자신이 공연히 부끄러운 생각이 들어 변명을 늘어놓았다.

졸업식을 마치고 여러 장의 사진을 찍었다. 그 사진들을 앨범 앞머리에 깨끗하게 붙여 놓았다. 그런데 언제부터인가 졸업식장에 고무신을 신고 간 것이 부끄럽다는 생각이 들기 시작했다. 그리하여 편하고 깨끗하다는 흰 고무신 예찬론을 접고 사진 속의 고무신을 가위로 모두 잘라내었다. 사진에서 흰 고무신만을 잘라냈는데 내 가슴을 도려내는 것 같이 마음이 아팠다. 지금도 잘려나간 흑백 사진을 보면 마음이 아리다.

고무신을 신고 지낸 기간이 길고, 그것을 합리화하다 보니 나중에는 흰 고무신이 좋아져 직장생활을 할 때도 쉬는 날에는 흰 고무신을 신었으며, 지금도 신지 않는 흰 고무신 한 켤레가 신발장에 놓여있다.

30여 년 전, 어느 일요일 친구가 술을 한잔하자고 하여 관철동에 있던 대련집에 간 일이 있다. 그날 나는 그 집 종업원 아가씨들로부터 멋쟁이 아저씨로 인사를 받기도 했다. 그들은 흰 고무신을 들어보기도 하고, 신어보면서 신기해하였다.

흰 고무신이 신기도 편하고 그런대로 운치도 있어 보여 즐겨 신었으나 요즈음은 고무신을 신지 않는다. 그것은 내 발이 딱딱한 구두에 길들여 저서 그런지 고무신을 신으면 신발 신은 것 같지 않다. 또 여름에는 발바닥에 땀이 많이 나서 그런지 신발이 잘 벗어지고, 겨울에는 발바닥에 냉기가 돌기 때문이다.

흰 고무신을 멀리하게 된 또 하나의 이유가 있다. 젊은 시절 나는 박봉에 술까지 마시려니 경제적으로 여유가 없었다. 그래서 퇴근 후 또는 일요일에 아르바이트로 을지로 6가에 있던 작은 출판사에 나가 원고 정리 등 문서정리를 해준 일이 있다. 그때, 작고하신 계훈제 선생님이 그 회사 사장과 친분이 있었는지 우리와 가끔 점심을 같이한 일이 있다. 계 선생님은 언제나 짙은 회색 작업복(?)에 흰 고무신을 신었었다. 그런데 계 선생님의 흰 고무신과 내가 신었던 흰 고무신은 똑같은 것임에도 그 격이 다르게 보였다. 나는 경제적 이유에서 고무신을 신었고, 선생님은 정신적(?) 이유에서 흰 고무신을 신었기 때문이 아닐까 하는 생각이 든다. 하여간에 선생님이 고무신 신은 모습은 잘 어울리는데 내가 신은 모습은 어색해 보인다는 생각이 들어, 그 후부터 나는 흰 고무신을 멀리하고 있다.

60대 후반에 접어들어선 지금 내가 다시 흰 고무신을 신고 다니면 궁상을 떤다고 할까? 지금은 멋으로 보아줄 것 같기도 하다. 같은 고무신인데도 시간과 공간을 달리하면 격이 달라지나 보다. 인간 삶도 이와 크게 다르지는 않을 것 같다.

댓돌 위에 가지런히 놓인 한 켤레 신발이 내 마음에 남아 지워지지 않듯이, 내가 다른 사람의 기억 속에 지워지지 않고 살아남을 수는 없을까?

흰 고무신이 때는 쉽게 타지만 닦기만 하면 언제나 순백으로 돌아오듯이, 시커먼 때로 얼룩진 내 삶이지만 흰 고무신과 같이 희고 깨끗한 모습으로 되돌아올 수는 없을까?

(월간 『문학세계』 2005년 4월호)

생일맞이 성묘

어머니 몸 안에서 열 달을 같이 살다가 어머니가 만들어주신 생명줄, 탯줄에 의지하여 이 세상에 왔습니다. 그럼에도 불구하고 나 혼자의 힘으로 이 세상에 온 것처럼 우쭐대며 착각 속에 살아가고 있습니다. 늦게 철이 들었는지 고희(古稀)를 넘기고부터는 생명의 근원인 어머니의 사랑이 전보다 크게 다가왔고, 생일날에는 어머니가 더 그립고 보고 싶습니다.

내가 어머니를 이렇듯 그리워하는 것은 농사일로 지친 몸에 열 달을 품어주시고, 사지 절단의 아픔에 비유될 만큼 극심한 고통, 산통을 이겨내시고 내게 새 생명을 주셨기 때문입니다.

사실 생일날은 당사자가 축하받고 기뻐하기보다는 낳아주시고 길러주신 부모님, 특히 어머니가 축하받고 위로받는 날이 되어야 이치에 맞을 것 같습니다. 그래서 나는 몇 년 전부터 생일날에 어머니 산소를 찾아 예를 올리고 묘를 돌보고 있습니다. 물론 이 생일맞이 성묘는 어머니의 크신 사랑을 기리기 위한 자식 된 도리에서 출발하였지만, 실제는 내 메마른 영혼을 위로하기 위한 것입니다.

"너 늙어봤냐, 나는 젊어 봤단다."라는 노랫말이 암시하는 것에는, 젊어서 모르던 것을 늙어 가면서 새롭게 알게 된다는 뜻도 포함된 것 같습니다. 나도 젊어서는 제 명대로 살다가 편안히 죽는 고종명(考終命)을 오복(五福)에 포함한 이유를 제대로 알지 못하였습니다. 이제 늙어보니 그 이유를 알 것 같습니다.

앞으로 길지 않은 여생이지만 하루하루를 즐겁게 살다가 하늘나라에서 오라고 하면 언제든지 훌훌 털고 떠날 생각입니다. 그 준비도 하나둘 끝내 가고 있습니다. 내 유골을 안치할 납골당도 만들어 놓고, 상조회 부금 붓는 것도 끝냈습니다.

2017년 9월 16일, 덥다 덥다고 힘들어한 것이 엊그제 같은데 가을이 성큼 다가와 아침저녁으로 찬 바람이 불어 옷깃을 여미게 하고 있다. 제주도는 태풍 '탈림'의 영향으로 비가 많이 내리고 바람도 세차다고 하는데 팔당호반은 맑고 푸르기만 하다. 푸른 하늘에는 흰 구름이 두둥실 떠 아름답게 유영을 하고 논과 밭에는 결실의 계절답게 곡식이 누렇게 익어가고 있다.

그동안은 생일맞이 성묘를 나 혼자 하였는데 올해는 아내, 막내딸과 사위, 초등학교 1학년짜리 외손자까지 모두 다섯 식구가 함께하였다. 내 어머니는 만 44세 때(1965년) 돌아가시고, 아버지는 만 86세 때(2002년) 돌아가셔서 고향 선산에 합장하였다. 따라서 부모님 산소라고 지칭하는 것이 옳은 일임에도 오랜 기간을 어머니 산소로 지칭하여 오다 보니 버릇처럼 그냥 어머니 산소라고 부르고 있다.

산소로 오르는 오솔길에는 알밤이 여기저기 떨어져 있다. 여덟 살짜리 외손자는 신이 났다. 알밤이 길가에 떨어져 있는 것 자체를 처음 본데다가 알밤을 줍는 재미에 빠져 정말 좋아했다. 1Km 남짓한 산길에서 두 됫박 가까이 탱글탱글한 아람을 주었으니 즐거운 추억으로 오래오래 기억에 남을 것 같다. 나도 생각지도 않았던 선물을 손자에게 주었다고 생각하니 기분이 좋았다.

준비한 노란 국화 화분 두 개를 산소 양쪽에 가지런히 놓고 우리는 절을 하였다. 나는 늙은이 아니랄까 봐 손자에게, 산 사람에게는 절을 한번, 돌아가신 분에게는 절을 두 번 한다고 일러주었다. 그래서 세배 절은 한번 하지만 오늘처럼 산소에 절을 할 때는 두 번을 해야 한다고 가르쳐 주었다.

그리고 딸과 사위에게는 12개의 납골함(函)을 넣을 수 있도록 새로 조성한 납골당을 보여 주고, 어느 위치쯤에 내 유골을 보관하는 것이 좋겠냐고 물었더니, 응달쪽이기는 하지만 팔당댐과 팔당호가 한눈에 들어오는 서쪽이 좋겠다고 대답을 한다.

자기의 죽음 문제를 자식들과 담담히 이야기 나누고 있는 나의 모습에서, 아버지의 유해를 어떻게 할 것인가의 물음에 대하여 거부감 없이 담담하게 대답하는 자식들의 모습에서, 내 나이가 이제 죽음을 이야기할 수 있을 만큼 많이 들었었다는 사실을 새삼 깨달을 수 있었다.

파란 하늘에 두둥실 떠 있는 하얀 구름과 팔당호 푸른 물 아래 두둥실 떠 있는 하얀 구름이 어우러져 멋진 풍광을 만들어낸다. 그 멋진 풍광에 내 삶을 투영해보니 자랑스럽지는 못하지만, 그런대로 낙제점은 면한 것 같아 스스로 안도할 수 있었다.

내가 생일맞이 성묘를 몇 해나 더 할 수 있을는지…. 지금 생각 같아서는 몇 해는 더 할 수 있을 것 같은데…. 자신이 없다. 그리고 살 만큼 살았다고 체념을 한 탓인지 을씨년스럽게만 느껴지던 부모님 산소나 내 유골을 안치할 납골당이 살갑게 다가왔다.

성묘를 끝내고 내려오는데 두 가지 의문이 내 마음에 그림자처럼 따라붙는다. 하나는, '사람이 죽으면 바로 천국이나 지옥으로 가는 것인지, 아니면 어딘가에 머물다가 예수님이

재림하시어 심판할 때 천국과 지옥행이 결정되는 것인지.'이고, 다른 하나는 '천국이나 지옥으로 대별 되는 내세에서 인간은 어떤 모습으로 살아가게 될까? 이 세상에서의 인연은 어떻게 될까? 아무리 호의호식을 한다 해도 끝도 없이 영생한다면 하루하루가 얼마나 지루하고 무료할까? 그러한 삶이 우리가 희구하는 천국 인의 삶일까?' 하는 의문이었다.

(월간 『문학저널』 2017년 11월호)

외로운 섬, 아버지

송강 정철의 훈민가(訓民歌)와 명심보감 효행편(孝行編)의 첫머리에 '아버지 날 낳으시고 어머니 날 기르시니'라는 구절이 있다. 전통윤리에서는 이처럼 생명의 근원을 아버지에게서 찾고 있다. 그러나 이러한 전통사상은 현대사회에 들어와 가부장제(家父長制)의 몰락으로 자연스레 무너지고 있다.

열 달을 배 아파하며 나를 낳으신 분은 틀림없는 어머니이다. 그래서 '아버지 날 낳으시고 어머니 날 기르시니'를 '어머니 날 낳으시고 아버지 날 기르시니'로 바꾸어야 옳다고 자기주장을 펴는 학생도 있다.

어머니와 자식은 원래 하나였는데 태(胎)를 갈라 둘이 된 것이니까 맞는 말이다. 그리고 진자리 마른자리 갈아 뉘시며 우리를 기르신 분도 틀림없는 어머니이다. 다만 아버지도 양육에 필요한 돈을 벌어오고, 자식을 훈육하는 등 기르는 일을 도왔으니 아버지의 공도 인정은 해야 할 것이다.

국어사전을 찾아보면 '어머니'는 자기를 낳아준 여자로 되어 있고, '아버지'는 자기를 낳은 어머니의 남편으로 되어 있다. 국어사전에서도 생명의 원천을 아버지가 아닌 어머니에게서 찾고 있다.

그렇다면 '씨는 못 속여!', '씨도둑은 못 한다.' 같이 아버지를 '씨'에 비유하고, '아무리 씨가 좋으면 뭘 해, 밭이 나쁘면 싹도 트지 않는걸.' 같이 어머니를 '밭'에 비유하고 있는 말은 틀린 것인가? 유전(遺傳)과 '정자'와 '난자'는 어떻게 설명해야 할까?

조선 시대에는 윤리 생활에서 반드시 실천해야 할 삼대강령으로 군위신강(君爲臣綱), 부위자강(父爲子綱), 부위부강(夫爲婦綱)을 들고 있다. 이 강령에 따라 아버지는 자식을 다스리고, 자식은 부모를 정성껏 모셔야 했다. 그때는 아버지가 자식의 생사여탈 권까지 가지고 있었다.

이렇게 삼강은 군신, 부자, 부부를 수직관계로 설정하고 있어, 시대적 윤리 상황에 맞지 않는다고 하여 지금은 아예 윤리 생활 지침에서 제외하고 있다. 지금 교과서에는 수직적 윤리인 삼강은 없어지고 수평적 윤리인 오륜(五倫)만 남아 있다.

자식을 마치 아버지의 소유물인 양 생각한 전근대적 사고방식 때문에 아버지는 가족 위에 군림하는 사람으로 그려지기도 했다. 이러한 권위적 아버지상(像)이 오늘에 와서 아버지를 가족으로부터 소외시키고, 외로운 섬으로 남게 한 하나의 동인이 된 것 같다.

1997년, 우리나라가 외환위기를 맞아 국제통화기금(IMF)으로부터 구제 금융을 받고 IMF 요구대로 강력한 구조조정을 하는 바람에 많은 아버지가 직장을 잃었다. 그때, 돈 벌어오는 기계 역할을 하던 아버지들이 갈 곳을 잃고 산으로 들로 헤매게 된다. 해고된 사실을 집에 알리지도 못하고….

아버지들이 이렇게 산과 들을 찾아 헤맸던 것은, 갈 곳도 마땅치 않은 데다가 가족들조차 듣기 싫어하는 독백도 다 들어주고, 외로움의 눈물도 말없이 닦아주고, 힘들고 억울한 속내를 담아 큰소리로 외쳐도 자연(自然)이 모두 품어주었기 때문일 것이다.

국제통화기금 관리체제를 겪으면서 우리 사회는 정신적 가치보다 물질 우선주의에 빠져들기도 했다. 경제적 문제로 이혼이 늘어나고, 아버지의 권위는 끝없이 추락하고… 그 결과 아버지들은 가족과 떨어져 외로운 섬으로 남게 된다.

우리 사회는 아버지들이 직장에서 은퇴하면 용도가 끝난 물건처럼 쉽게 버린다. 안타까운 것은 가족들까지 아버지를 폐기물 대하듯 연민의 눈길로 바라보는 것이다.

희끗희끗 반백의 머리, 축 늘어진 어깨, 힘없이 터덜터덜

걸어가는 아버지의 뒷모습을 본 적이 있는가? 아버지는 왜 떠나 보내놓고 나서야 그 사랑을 깨닫고, 그리워하고, 안타까워하는 것인가?

지난 6월 23일, KBS '강연 100도씨'라는 프로그램에 가수 주현미가 출연하여 오늘의 그가 있게 한 아버지에 대한 감회를 털어놓았다. 화교 한의사였던 그의 아버지는 주현미가 어렸을 때부터 격려와 칭찬으로 가수의 꿈을 키우도록 하였고, 작곡가를 연결하여 주는 등 실제로 많은 뒷받침을 해 주었다고 한다. 딸에 대한 아버지의 믿음과 정성이 오늘의 주현미를 있게 한 것이다.

가수로 성공한 후에 대만에 살고 계셨던 아버지가 한국에 나와 외손자를 보고 싶어 하였다. 그러나 지난날 어머니와 자신을 제대로 돌보아주지 않은 것에 대한 서운한 감정 때문에 그 청을 거절하고 만다. 외손자를 만나 보지도 못하고 대만으로 돌아가신 아버지는 안타깝게도 얼마 후 세상을 떠나셨다고 한다.

'우리 현미가 최고야!' 하고 믿음과 용기를 주셨던 아버지, 그 아버지의 크신 사랑을 뒤늦게 깨닫고 아버지에 감사하며 눈물짓던 여 가수의 모습이 지금도 눈에 선하다.

아버지는 숙명적으로 외로운 존재인가?

아버지의 권위 상실과 소외는 필연적 사실인가?

독일 속담에 '한 아버지는 열 아들을 기를 수 있으나 열 아들은 한 아버지를 봉양하기 어렵다.'라는 말이 있다. 봉양은 아니 하더라도 아버지라는 외로운 섬과 가족을 연결하는 작은 다리 하나쯤 놓아주면 아니 될까 ….

(졸저 『어처구니 있다』 2015년)

2. 달빛의 신비한 치유력

시간이 오고 가는 것인가

우리는 누구나 시간 속에 살고 있다. 그런데 그 시간은 보이지도 않고 볼 수도 없다. 도리 없이 마음으로 시간을 보고, 시간의 흐름을 깨닫고, 시간의 길이를 재단한다.

햇볕이 쨍쨍 내리쬐고 바람 한 점 없는 여름날, 할 일 없이 앉아 있으면 그 하루는 참으로 지루하고 길다. 말 그대로 일각(一刻)이 삼추(三秋)와 같다.

영화를 보면 일 분도 안 되는 짧은 시간에 파란 잎이 돋아나고, 누렇게 보리가 익어가고, 단풍이 울긋불긋 산하를 수놓고, 하얀 눈이 파란 솔가지에 소리 없이 내리면 일 년이 순식간에 지나간다. 참으로 일 년은 짧다.

어린아이가 아장아장 걸음마를 떼어놓고, 젊은 청년이 스포티(sporty) 한 차림으로 강가를 힘차게 내닫고, 노인이 강가에 서서 지는 해를 배웅하는 모습이 보이면 수십 년이, 일생이 찰나처럼 지나간다.

그래서 나는 '하루는 길고, 일 년은 짧고, 일생을 찰나와 같다.'라고 주장을 할 때가 있다. 시간의 존재는 물론 시간의 흐름, 시간의 길이는 느낌에 따라 달라지기 때문이다. 어떤 때는 시간의 존재 자체를 부정하기도 하고, 시간에 길이와 흐름이 있다는 사실을 관념적 오류라고 지적을 하기도 한다.

때로는 '시간이 오고 가는 것인가?' 아니면 '인간이 오고 가는 것인가?'라는 의문의 늪에 빠져 허우적거리기도 한다. 시간은 영겁의 세월 항상 제자리에 머물고 있는데, 인간들이 흘러가면서 제자리를 지키고 있는 시간을 향하여 오고 간다고 하는 게 아닌지, 마치 강물이 흘러가면서 제자리를 지키고 있는 산을 보고 흘러간다고 억지를 부리는 것과 무엇이 다른지, 혼란스럽다.

시간이란 것이 정말로 존재하는 것인가, 시간이 존재한다면 제 자리에 머무른 것인가, 아니면 흘러가는 것인가, 그 흐름에 따라 인간의 노화(老化)가 이루어지는 것인가? 시간의 구속에서 벗어나는 길은 정녕 없는 것인가?

(『한국작가』 2019년 봄호)

총죽지교(葱竹之交)

노인으로 산다는 것이 생각보다 쉽지 않다. 더욱이 여유와 낭만을 즐기며 산다는 것은 희망 사항에 불과하다. 노인이 되면 몸이 말을 듣지 않는 데다가 마음마저 우울해지고 외로워지기 때문이다.

우리의 삶은 숙명적인 혈연을 매개로 하는 가족, 자신의 의지나 사회적 관계로 맺어진 친구 등에 의해 방향과 질이 결정된다. 그런데 혈연으로 맺어지는 가족관계는 숙명으로 받아들일 수밖에 없지만, 사회적 관계로 맺어지는 친구 관계는 자신의 의지로 결정된다. 따라서 어떤 친구를 사귀느냐는 전적으로 자신의 책임이 된다.

나도 젊어서는 학식과 덕망, 신의가 있는 훌륭한 친구를 사귀었으면 하는 바람이 있었다. 그런데 늙고 보니 학식과 덕망이 있는 친구보다는 일상사를 허물없이 이야기할 수 있는 막역한 친구가 편하고 좋다.

대학 동창인 K는 부인이 와병 중이어서 병간호하느라 고생을 많이 했다. 한동안은 부인의 병세가 악화되어 많이 힘들어했다. 그러고는 몇 달 모임에 나오지 않았다. 총무가 전화를 걸어도 받지 않고, 문자를 보내도 답장이 없다고 했다. 그런데 이게 웬 청천 하늘에 날벼락인가, 놀랍게도 와병 중인 부인이 아니라 병간호하던 친구 K가 세상을 떠났다는 것이다. 부인의 병세가 호전되자 얄궂게도 병간호하던 K가 병석에 눕게 되고, 안타깝게도 유명을 달리하였다는 것이다.

K는 대학 졸업 후 공무원으로 근무하다가 심경의 변화를 일으켜 신학대학원에 진학하여 목사가 되었다. 목사로 시무할 때는 일이 바빠서인지 모임에 잘 나오지 않았는데 은퇴 후에는 빠지지 않고 잘 나왔다. 그는 나만 보면 "교회에 잘 다니고 있지, 자네를 위해 중보기도 많이 하고 있어," 하고는 미덥지 못한 내 신앙생활을 걱정하기도 했다.

노인들이 지켜야 할 생활 태도 중 하나가 친구와의 영원한 이별을 담담하게 받아들이는 일이라고 한다. 지금은 나도 주위의 누군가가 세상을 떠났다고 해도 놀라지 않는다. '다 가는 길인데, 조금 앞서갔구나!' 하고 자위를 하게 된다. 하지만 이별이 왜 슬프지 않겠는가, 지금도 "한 교장! 자네를 위해 기도하고 있네." 하고 나를 걱정하든 K의 정겨운 목소리가 귓가를 맴돈다.

사실 나는 공부도 잘하는 편이 아니고, 가정 형편도 좋지 않아 친구를 가려서 사귈 처지가 못 되었다. "새도 가지를 가려 앉는다."라고 했는데…. 그래서 나는 누군가가 정을 주면 그냥 가까이 다가가 벗이 되었다. 다행히 모두가 좋은 친구들이어서 외롭지 않았고, 그들로부터 정을 듬뿍 받기도 했다.

하지만 나에게도 피하고 싶은 친구가 없었던 것은 아니다. 자기 자랑, 특히 돈 자랑하는 친구는 싫었다. 싫었다기보다는 내 열등감 때문에 스스로 피하였다는 말이 옳을 것 같다. 그러나 지금은 돈 자랑하는 친구와도 어울려 잘 지내고 있다. 이제는 나도 경제적으로 어느 정도 여유가 생겼고, 자랑하고 싶어 하는 치기(稚氣)도 포용할 수 있을 만큼 성숙했기 때문이다.

우리가 살아가는데 가장 큰 영향을 주고받는 것이 벗과 사귐일 것이다. 그래서 친구와의 사귐에 관한 '고사성어'가 많이 생겨난 것 같다. 동아 새 국어사전에는 벗과 사귐을 이야기하는 고사성어가 무려 열다섯 개나 된다(상세히 살펴보면 더 있을 수도 있다).

그중 하나가 총죽지교(葱竹之交) 인데, 이는 파피리를 불며 죽마를 타고 함께 놀던 사이란 뜻으로, 어렸을 때부터 같이 놀며 자란 친구와의 사귐을 의미한다. 총죽지교와 비슷한 뜻으로 쓰이는 말에 우리가 잘 아는 '죽마고우'가 있다. 이 외에도 벗과 사귐을 이야기하는 고사성어로 관포지교(管鮑之

交), 교칠지교(膠漆之交), 금란지교(金蘭之交), 금석지교(金石之交), 단금지교(斷金之交), 막역지교(莫逆之交), 문경지교(刎頸之交), 상마지교(桑麻之交), 수어지교(水魚之交), 지란지교(芝蘭之交), 포의지교(布衣之交), 빈천지교(貧賤之交), 망년지교(忘年之交), 저구지교(杵臼之交) 등이 있다. 이와 같은 고사성어는 우리에게 친구는 무엇이며, 친구와의 사귐은 어떠해야 하는가를 잘 가르쳐 주고 있다.

'동무 따라 강남 간다.'라는 속담이 있다. 이 말은 뚜렷한 자기 주견 없이 친구가 간다고 하니까 멀고 낯선 곳임에도 덩달아 따라나서는 사람을 비유하여 생겨난 말이다. 하지만 나는 이 말을 맹목적이기는 하나 깊은 우정을 표현하는 말로 좋게 해석하고 싶다. 그것은 뜻 맞는 친구가 어딘가를 가자고 하면 가는 곳 묻지 않고 따라나서는 내 성품을 합리화하기 위함인지도 모르겠다.

팔십 노인이 되고 보니, 인생의 길잡이가 되는 훌륭한 친구보다는 일상 이야기를 함께 나눌 수 있는 막역한 벗이 더 좋다. '친구는 옛 친구가 좋고 옷은 새 옷이 좋다'는 말대로 친구는 어려서부터 흉허물없이 정을 나누어온 오래된 친구가 좋다. 하지만 나는 옷도 새 옷 보다는 입던 옷이 좋다. 새 옷은 기분은 좋은데 몸에 익숙하지 않고 더럽힐까 염려를 하다 보니 편하지가 않기 때문이다.

또 나이 들다 보니 가까이 지내던 친구들과도 자주 만나지 못하는 데다가 친구들이 하나둘 저세상으로 떠났다는 소식까지 듣다 보니 자연스레 외로움을 느끼게 된다. 그 외로움을 덜어내는 방법의 하나가 나이를 초월하여 정담을 나눌 수 있는 젊은 친구와의 사귐이다. 그러니까 망년지교를 통하여 젊은 벗, 망년지우(忘年之友)를 사귀어 교분을 나누면 노년이 조금은 덜 외로울 것 같다.

나도 요즈음은 젊은 친구들과 어울려 술도 한잔하면서 문학을 담론하고 세상 살아가는 이야기를 나누고 있다. 그 시간에는 나이를 잊고 그들과 하나가 된다. 간격을 두지 않고 친근하게 대해주는 망년지우들이 참으로 고맙다. 노소동락(老少同樂)이라 했던가, 젊은 친구들과 어울려 즐겁게 보내는 그 시간이 기다려지기도 한다.

고향 들판에서 버들피리 꺾어 불고 지게 작대기로 칼싸움하던 죽마고우 H, 수업시간에 몰래 소설책을 돌려보다 혼이 난 막역지우 M, 내 신앙생활이 흔들리지 않도록 염려해 준 믿음의 친구 K, 모두 이승을 떠나 저승으로 갔다. 저승이라는 내세가 있어서, 이다음에 그들을 만날 수 있으면 정말 좋을 터인데…. 오늘은 괜스레 그들이 보고 싶고 그립다.

(『좋은문학』 통권 제36호 2019년)

환경미화원 식사 초대

일요일 아침 TV에서 방영하고 있는 '잘 먹고 잘사는 법, 식사하셨어요?'를 즐겨 시청하고 있다. 5월 3일에는 천안시청 공무원이 관내 환경미화원을 초대하여 식사를 나누고 싶다는 사연을 방송국으로 보내와 식사를 대접하는 장면이 나왔다.

우리 사회에 없어서는 아니 될 환경미화원, 그들은 새벽 네 시면 어둠을 뚫고 거리 청소에 나선다. 깨끗한 환경을 만들기 위하여 겨울에는 매서운 칼바람과 추위, 여름에는 무더위와 악취, 가을에는 끊임없이 떨어지는 낙엽과의 전쟁을 치르고 있다. 그들의 노고가 있기에 우리는 쾌적한 환경에서 생활할 수 있는 것이다.

환경미화원, 이 사회를 밝히는 등불과 같은 존재이다. 그러나 이 사회는 환경미화의 중요성만 강조하지 그들을 존중하지 않는다. 존중은 고사하고 무시하는 예도 적지 않다. 이러한 사회의 그릇된 시각 때문인지 환경미화원 자신들도 자기 직업을 부끄럽게 생각하는 경향이 없지 않다.

어느 환경미화원의 이야기이다. 학교에 다니는 자식이 환경조사서를 써 달라고 하는데 직업란에 '환경미화원'이라고 쓰기가 공연히 부끄러워 망설였다고 하면서 자기 직업에 대하여 열등감을 드러냈다. 아직도 사회 일각에서는 물론 많은 젊은이가 환경미화원이라는 직업을 3D 직종이라고 기피하는 경향을 보이고 있다. 환경미화원은 이 사회에 없어서는 아니 될 중요한 존재라고 하면서도 누구도 자기 자식이 환경미화원이 되는 것을 바라지 않는다. 그 사실 하나에서도 환경미화원에 대한 사회적 인식이 그리 좋지 않다는 것을 쉽게 알 수 있다.

최근에 와서 다행스럽게도 환경미화원에 대한 사회적 인식이 많이 달라져 환경미화원이라는 직업을 선택하려는 사람이 늘어나고 있다. 환경미화원이 되기 위해서는 치열한 경쟁에서 이겨야 한다고 하니 격세지감이 든다. 아마도 그것은 60세까지 정년이 보장되고, 임금도 그리 낮지 않은 데다가 경기 침체와 취업난 등 복합적인 원인에 기인한 것 같다.

맛있게 식사를 하는 한 환경미화원에게 사회자가 "아들이 지나갈 때 손을 흔들어 아는 체를 하면 혹시 부끄러워하지 않느냐?"라고 질문을 하니, 부끄럽게 생각하지 않는다고 하면서 가끔은 아들과 딸이 청소 일을 직접 거들어 준다고 대답을 한다.

환경미화원, 스스로 열등감을 벗어던지고 좀 더 당당해져도 좋을 것 같다. 이제는 환경미화원이라는 직업을 하찮은 직업으로 내려다보지 않는다. 혹여 우리 사회 일각에 아직도 특정 직업에 대한 편견이 존재한다면 그 생각은 잘못된 것이다.

나도 한때는 환경미화원에 대하여 편견을 지니고 있었다. 1999년 말, 영등포고등학교 교장으로 근무할 때이다. 그해 재학생 5명과 졸업생 2명이 서울대학교에 합격하는 경사가 있었다. 5명의 재학생 부모들은 합격의 기쁨을 함께 나누고, 선생님들에 대한 감사의 뜻으로 3학년 담임과 교감, 교장을 돌아가면서 점심 식사에 초대하였다.

하루는 3학년 부장교사가 찾아와 내일 점심을 ooo 군 아버지가 초대하였다고 하면서 같이 가자고 했다. 그러면서 o 군의 아버님은 구청 환경미화원으로 근무하고 있는데, 요즈음은 아들 자랑하는 재미로 사시는 것 같다고 했다.

그 말을 듣는 순간, 환경미화원이라는 직업이 머리를 스쳐 지나갔다. 환경미화원이라면 가정 경제가 어려울 터인데, 교사들이 식사 대접을 받아도 될까, 더군다나 교장까지, 혹여 그 사실이 밖으로 알려지면 '벼룩이 간 빼 먹는 학교'라고 비난받지는 않을까?

나는 염려하는 마음에서 선생님들만 다녀오시고 교장은

빠지는 게 좋겠다고 하였더니 부장교사는 "그 아버지는 교장 선생님의 축하를 받고 싶어 한다."라고 나를 설득하였다. 아버지가 환경미화원으로 일을 하고 있지만, 어머니도 부업을 하고 계시기 때문에 생활이 어렵지 않다고 하면서, 다른 학부모의 점심은 드시고 ㅇ 군 부모님의 점심은 사양하시면 사람 차별한다는 원망을 들을 수도 있으니 참석하여 그 아버지의 행복한 꿈을 이루어 드리자고 한다. 나는 망설임 끝에 점심 초대에 응하기로 하였다.

그때까지도 내 마음속에는 환경미화원이라는 직업에 대한 그릇된 인식이 자리 잡고 있었던 것 같다. 그러나 그 일이 계기가 되었기 때문인지, 사회적 인식의 변화 때문인지 환경미화원을 바라다보는 내 시각은 크게 달라졌다. 지금은 환경미화원과 마주치면 자연스레 '수고하십니다.' 하고 인사를 나누고, 그들을 안쓰럽게 바라보지 않는다.

환경미화원에 대한 사회적 인식이 예전과는 많이 달라졌다. 하지만 환경미화원을 3D 직종이라고 하여 기피하는 현상이 남아 있는 것도 사실이다.

그날도 한 환경미화원은 아이들이 사춘기를 거치면서 나를 피하는 경우가 늘어나고 있다고 하면서 이 굴레를 벗어나야 사람대접을 받을 수 있을 것 같다고 하소연을 했다. 그러면서 아이들이 아빠는 환경미화원이라고 친구들에게 부끄럼 없이 이야기할 수 있는 사회가 빨리 왔으면 좋겠다고 소망을 털어놓았다. 얼마나 가슴 아픈 일인가? 그 소박한 꿈이 하루 빨리 이루어지길 간절한 마음으로 빌어본다.

(졸저『보리 풋바심』 2015년)

달빛의 신비한 치유력

새벽 한 시가 넘은 것 같다. 잠을 이루지 못하고 뒤척이다가 느낌이 이상하여 눈을 떴다. 놀랍게도 방안 가득히 달빛이 넘쳐나고, 그 달빛은 살포시 나를 감싸 안는다. 정말로 오랜만에 맛보는 고요함이고 평안함이다.

생각지도 않은 달빛이 어인 일인가 궁금하여 날짜를 계산해보니, 오늘이 낮의 길이가 가장 길고 해가 제일 높게 뜬다는 하지(夏至)이다. 하지 절기에는 태양의 고도가 높아져 방안까지 햇빛이 들어오지 못한다. 햇빛과 같이 달빛도 방안까지 들어오기 어려울 것으로 생각하였는데 의외로 깊숙이 들어왔다.

잠결에 달력을 보니 음력 5월 17일이다. 보름을 이틀이나 넘겼는데도 달은 둥글고 밝다. 밝은 달빛이 방안 깊숙이 들어올 수 있었던 것은 하지 절기이지만 달의 고도가 높지 않았고, 내가 사는 아파트가 산 중턱에 있었기 때문인 것 같다.

나는 아늑한 공간에서 일광욕하듯이 알몸으로 달빛을 받아 월광욕(月光浴)을 즐겼다. 알몸에 쏟아지는 달빛은 얼룩덜룩한 늙은이의 살갗을 하얀 살결로 보기 좋게 바꾸어놓았다. 모든 것을 환하게 드러내는 햇빛과 달리 달빛에는 감출 것은 감추면서도 드러낼 것은 선명하게 드러내는 신비한 힘이 있었다.

은은한 달빛이 감성을 자극한 때문인지 잠은 멀리 달아나고 문득 떠오른 상처 하나가 슬픔으로 다가왔다. 아니 아련한 추억으로 다가왔다. 66년 전, 살구가 누렇게 익어가든 6월에 북한 공산군의 남침으로 전쟁이 일어났고, 그 전쟁으로 나의 소년기는 엉망진창이 되었다.

1951년 1월 4일, 우리 가족은 뿔뿔이 흩어져 피난길에 올랐다. 아버지는 청년단원들과 함께 대전으로, 어머니는 어린 동생 넷을 데리고 이천으로, 나는 할아버지를 따라 종형과 함께 경북 김천으로 피난을 하였다.

초등학교 5학년인 열두 살짜리 소년은 짐을 잔뜩 실은 손수레를 밀며 집을 떠나 열흘 넘게 걸어 김천에 도착하였다. 김천에 도착하니 군인들이 대구로 가는 길목을 차단하여 더 이상 갈 수가 없었다. 우리는 김천 외곽에 방 한 칸을 얻어 임시 거처를 마련하고 전쟁 추이를 살펴보기로 했다.

다행히 전황이 호전되어 이른 봄 피난 생활을 끝낼 수 있었다. 집에 돌아오니 부모님과 동생들은 이미 돌아와 있었다. 그런데 막냇동생이 보이지 않았다. 피난지에서 돌림병으로 죽어 그곳에 묻고 왔다고 했다. 거기에다 엎친 데 덮친다는 격으로 집은 폭격으로 불타 잿더미가 되었고, 피난 갈 때 광 밑을 파고 묻어두었던 곡식은 모두 까맣게 타 버렸다. 당장 먹을 양식과 잠자리, 입을 옷가지가 문제가 되었다.

피난에서 돌아온 다음 해 나는 초등학교를 졸업했다. 그때 찍은 졸업사진에는 우리 가정의 어려운 경제 상황이 그대로 드러나 있다. 사진에는 나와 몇 친구만이 바지저고리를 입고 있다. 그 바지저고리마저도 어머니가 밤새워 꿰매고 정성껏 다려 준 것이다.

이런 상황에서 내 중학교 진학문제가 대두되었다. 당시 고향에는 '숭실중학교 분원분교'가 있었다. 나는 그 학교에 진학할 생각이었다. 그런데 부친께서 서울에 있는 중학교에 진학할 것을 권하셨다. 조부께서 서울에 사셨기 때문에 숙식 문제는 크게 염려하지 않아도 되었기 때문인 것 같았다. 그렇게 해서 조부모님 댁 가까이에 있는 성동중학교에 입학하게 되었다.

그때는 전쟁이 치열하게 벌어져 도강증(渡江證)이 없으면 한강을 건너 서울에 들어갈 수가 없었다. 할 수 없이 서울 소재 중학교에 입학 허가를 받은 학생들만을 임시로 수용하고 있는 '광주중학교 특설반'에 입학을 하기로 했다. 문제는 입학금이었다. 입학금을 마련하지 못한 나는 집에서 애만 태우며 3개월을 놀고 지냈다. 그러던 중 아버지가 어렵게 입학금을 마련해 주셔서 6월 말에 중학생이 되었다. 그때 일을 생각하면 지금도 가슴이 저려온다.

어렵사리 시작한 중학교 생활은 고난의 연속이었다. 새 학기가 시작되고 3개월 만에 입학하다 보니 공부를 따라갈 수가 없었다. 거기에다 경안까지 다니는 버스도 없어 편도 12Km, 왕복 24Km를 걸어 매일 학교에 다녀야 했다. 말이 24Km이지 열네 살 소년에게는 너무나 힘든 통학 길이었다. 자연스레 학교에 빠지는 날이 많아졌다. 가뜩이나 늦게 학교에 들어간 데다 가 결석하는 날이 늘어나다 보니 학습부진아가 될 수밖에 없었다. 나의 무리한 통학은 그해 12월 서울 신당훈육소(성동중학교)로 전학을 하면서 끝이 났다.

나에게 중학교 1학년 과정은 없는 것이나 마찬가지다. 그때의 학습 결손은 두고두고 나를 힘들게 하였다. 다른 과목은 그런대로 따라갈 수 있었으나 영어는 따라갈 방법이 없었다. 그때 고향에 있던 중학교에 입학하였으면 어떠하였을까? 그랬다면 중학교 3년 내내 수업료를 제때 내지 못하여 시험 볼 때마다 쫓겨나는 수모는 당하지 않았을 텐데….

6·25 전쟁으로 시작된 우리 가족의 가난한 생활은 부모님

의 피땀 어린 노력으로 3년여 만에 막이 내려졌지만, 그때의 상처는 오랫동안 그림자처럼 나를 따라다녔다. 하지만 그 아픈 상처도 오늘처럼 하얀 달빛이 포근하게 감싸 안는 밤이면 아름다운 추억이 되어 아련히 떠오른다.

나는 가난으로 얼룩진 소년 시절을 되돌아보면서, 금수저니 흙수저니 하면서 불평등을 이야기하는 사람을 보면 배부른 소리 그만하라고 마음속으로 힐난을 한다. 금수저든 흙수저든 간에 수저란 것을 가졌으면 우선은 된 것 아닌가, 수저라는 것을 가져보지 못한 사람들도 많이 있는데….

햇빛이 앞을 내다보게 하고 희망을 이야기하게 한다면 달빛은 뒤를 돌아보게 하고 추억에 빠져들게 한다. 나는 슬픔으로 얼룩진 상처를 아름다운 추억으로 바꾸어놓은 달빛에서 사랑과 정겨움을 본다. 달빛에는 감성을 일깨우고 사랑과 정을 나누게 하는 신비한 힘과 우리가 알지 못하는 치유의 힘이 있는 것 같다.

(월간 『문학저널』 2016년 10월호)

그림자를 집에 두고 산에 간다

"100세 장수시대 어떻게 살까?"라는 주제를 가지고 '한국교육삼락포럼'이 서울역사박물관 강당에서 열렸다. 한국고령사회연구원장 김성순 박사가 주제 강연을 맡았는데, 그는 고독을 관리할 줄 아는 노년의 지혜를 이야기하면서 자기는 가끔 고독을 즐기기 위해 그림자를 집에 두고 혼자 산엘 간다고 했다.

그 이야기를 듣는 순간 '야, 멋지다!' 나도 따라 해 보자. 마음속으로 다짐을 했다. 그러기 위해서는 그림자의 의미와 성격을 먼저 이해해야 했다. 이때 그림자는 빛에 의해 만들어지는 물체의 형상이 아니고, 인간의 영혼, 자아 정체성, 희(熹)·로(怒)·애(愛)·구(懼)·애(哀)·오(惡)·욕(慾)의 감정, 살아온 족적, 잡다한 세상사 등 많은 의미를 담고 있다.

독일의 작가 아델베르트 포 사미소(Adelbert von chamisso)의 소설 "그림자를 판 사나이"는 그림자를 팔고 살 수 있다는 황당무계한 이야기이다.

주인공은 자신의 그림자를 팔고 그 대가로 큰 부자가 될 수 있는 행운 주머니를 받는다. 그러나 주인공은 그림자를 아무짝에도 쓸모없다고 생각하고 팔아버린 후에는 그 그림자가 없다는 이유로 아이들로부터 놀림을 당하고, 견딜 수 없는 고독을 맛보고, 애인마저 떠나보내게 된다. 돈만으로는 행복해질 수 없다는 사실을 늦게나마 깨달은 주인공은 그림자를 팔았던 일을 후회한다.

이 소설에서 '그림자'는 돈과 바꿀 수 없는 자신의 정체성과 양심을 의미한다. 그러므로 인간은 누구라도 자기의 영혼이 투영된 그림자를 숙명적으로 평생 안고 살아야 한다. 이렇게 인간은 각기 자기의 그림자를 숙명처럼 안고 살아야 하지만 가끔은 그 그림자의 속박에서 벗어나 자유를 누리고 싶을 때가 있다.

장자(莊子)라는 책에 "옛날에, 자기 그림자를 두려워하고 미워해 그것을 피해 달아나는 사람이 있었다. 그는 자기 그림자를 피하려고 더 빨리 뛰었지만, 그림자가 같은 속도로 따라올 것은 자명한 일이다. 이 사람은 뛰고 또 뛰다가 결국 기운이 다하여 죽었다."라는 이야기가 있다.

사실 이때 사물의 그림자는 그늘에 들어가 쉬거나 빛을 피하면 바로 없어진다. 그렇지만 이 글에서 의미하는 그림자는 사람이라는 사물의 그림자가 아니라 '더 빨리, 더 많이, 더 높이'와 같은 인간의 외면적 물량주의와 내면적 탐욕을 의미한다. 삶을 오도하는 이런 그림자는 우리의 삶을 그늘지게 한다. 이때는 그림자를 과감하게 벗어던져야 한다.

이렇듯 우리가 살아가면서 만들어내는 그림자에는 과감히 벗어던져야 할 그림자도 있고, 평생을 꼭 껴안고 살아가야 할 그림자도 있다. 그런데 평생을 안고 살아가야 할 그림자도 가끔은 벗어던져 버리고 벌거숭이, 자연인으로 돌아가고 싶을 때가 있다. 그것은 크고 작은 구속에서 벗어나 마음껏 자유를 누리기 위해서다.

나는 아직 그림자에서 벗어나 온전한 자유인으로 살아보지 못하였다. 더더구나 그림자를 집에 두고 나 홀로 산에 가겠다는 생각은 해 본 일조차 없다. 나도 언제인가는 그림자를 집에 두고 홀로 산에 올라 사랑을, 인생을, 죽음을 생각하며 무아지경에 빠져들고 싶다. 그러한 산행은 정말로 나를 행복하게 할 것 같다.

최근에 와서 나는 그림자처럼 달고 살든 휴대폰을 가끔 집에 두고 다닌다. 호주머니가 불룩하여 휴대폰을 넣고 다니기 불편할 때, 예배를 보러 가거나 강연을 들으러 갈 때와 같이 휴대폰을 꺼 놓아야 할 상황에서는 아예 집에 두고 갈 때가 있다. 그때의 해방감이라니….

나이 들고 보니 촌각을 다투는 급한 연락이 올 때도 없고, 아내가 오해할 만한 문자메시지나 전화를 할 사람도 없고, 간혹 오는 연락도 스트레스를 덜어주기보다는 보태주는 경우가 있다 보니 휴대폰을 두고 나가는 횟수가 늘어나고 있다.

처음 깜빡 잊고 휴대폰을 집에 두고 나갔을 때는 적지 아니 불안하였는데, 지금은 휴대폰을 두고 나가도 걱정이 되지 않는다. 급하거나 중요한 내용이면 문자메시지를 남길 것이고, 내용은 나중에 집에 돌아와 확인하고 연락을 하면 되기 때문이다.

앞으로는 휴대폰을 집에 두고 다니듯이 가끔은 그림자를 집에 두고 다닐 생각이다. 그림자 없는 나 홀로 산행, 벌써부터 마음이 설렌다.

세상의 모든 욕심과 갈등은 물론 영혼까지 내려놓고, 그림자도 없이 휘적휘적 한가로이 산을 오르는 무념무상의 내 모습을 그려본다.

(『구리문학』 제25집, 2015년)

그러려니 그냥 받아들이세요

칠십 대까지는 집착과 욕심, 그리고 미움을 내려놓아야 노년이 행복하다는 이야기를 많이 들었다. 그런데 팔십 대에 들어서니 노화에 따라 생겨나는 육체적 정신적 문제를 그러려니 하고 그냥 받아들이라는 말을 자주 듣는다. 팔십 나이가 되고 보니 내려놓을 욕심도 없어지고 누구를 미워할 마음의 여유도 없다. 오직 건강하게 살다가 편안히 죽고 싶다는 생각밖에 없다. 일흔아홉 살과 여든 살은 실제로는 일 년밖에 차이가 나지 않지만 느낌으로는 천양지차(天壤之差)가 난다.

작년 말, 서가에 높이 꽂혀 있는 책을 꺼내다가 넘어져 갈비뼈 두 개가 부러졌다. 병원에서는 복대를 하고 두 달 가까이 지내면 저절로 낫는다고 하면서 걱정하지 말라고 한다. 소파에 앉아 두 달 가까이 지내다 보니 무료하여 날씨가 몹시 차갑던 날 친구를 불러내어 술을 한잔하였다. 그런데 다음 날 아침에 일어나니 바른쪽 종아리가 딴딴하게 부어올랐다. 병원엘 갔더니 '심부정맥혈전증' 같다고 하면서 혈전이 생기면 큰일을 당할 수도 있으니 빨리 종합병원에 가서 진료를 받아보라고 한다.

몸에 이상이 생기고 나니 마음이 불안해지고 죽음이 현실문제로 다가왔다. 그리고 자식들과 친구들이 보고 싶다는 생각과 함께 외로움이 밀려왔다. 종합병원에 가서 진료받는 것은 예약 등 시간이 필요하여 뒤로 미루고, 우선 불안한 마음부터 진정시키기 위해 동네 신경정신과에 가서 상담을 하였다. 내 이야기를 다 듣고 나서 의사는 우울증 초기일 수도 있고 일시적 현상일 수도 있으니 며칠 약을 먹어보자고 한다.

그러고는 여든이라는 연세가 적지 않은 나이니까 여기저기 불편함이 따를 것이라고 하면서, 이제는 신체적 이상이나 마음의 동요도 그러려니 그냥 받아들이라고 한다. 그래야 노년이 편안하단다.

하기야 여든이라는 나이가 적은 나이는 아니다. 그러니까 동갑내기 친구들이 하나둘 세상을 떠나는 것 아닌가, 죽음의 그림자가 잔물결이 되어 나를 불안과 괴로움의 늪으로 몰아간다. 나이 탓이다. 십여 년 전 대장암 수술을 받았을 때도 이렇듯 불안하지는 않았는데….

생자필멸(生者必滅)이라 했던가, 살아있는 것은 반드시 죽게 되어있다. 따라서 사람도 반드시 죽게 되어있다. 사람이 죽으면 어떻게 될 것인가, 육신은 흙으로 돌아가는 게 분명한데, 영혼은 어찌 될 것인가, 영혼이라는 게 있기는 한 것인가, 새로운 근심거리가 나를 무겁게 짓누른다.

한시(漢詩)에 "사람이 백 년을 채워 살지도 못하면서 늘 천 년 어치의 근심을 품고 사네."라는 글귀가 있다. 이 시구(詩句)대로 살 만큼 살았는데 아직도 무슨 욕심이 남아 있는지 새로운 근심거리를 만들어내고 있으니, 마음 밑바탕에는 아직도 욕심의 찌꺼기가 그대로 남아 있는 것 같다.

정말로 욕심이나 미움 등 거추장스러운 모든 것을 다 내려놓고 비우고 살고 싶다. 노화에 따른 병고나 죽음도 두려움 없이 받아들이고 싶다. 그렇게 근심 걱정에서 벗어나 명대로 살다가 때가 되면 편안히 떠나고 싶다. 그래서 캄캄한 목관(木棺)에 들어가 임사체험도 해보고, 어설프지만 신앙생활도 이어오고 있다.

죽음을 고통과 근심으로부터의 해방, 좁고 작은 전셋집에서 넓고 쾌적한 내 집으로 이사한다는 생각으로 기쁘게 받아들일 수는 없는 일인가, 기쁜 마음은 아니더라도 두려움 없이 죽음을 맞이하고 싶다. 그러기 위해서 믿음의 생활도 좀 더 충실히 하고, 쓸데없는 욕심이나 집착, 미움 등 마음의 짐을 모두 내려놓을 것이다. 그리고 의사의 말대로 노화에 따른 병고나 죽음도 그러려니 하고 그냥 받아들일 생각이다.

또, 잘 죽는 것(well-dying)에 대한 방법도 알아보고, 필요한 것들을 하나둘 준비할 것이다. 사실 나는 십여 년 전에 이미 '예다함 상조회'에 가입을 하였고, 납골당도 고향 선산에 마련해 놓았다. 그리고 지난 4월에는 2월부터 시행 중인 '연명의료결정법'에 따라 '사전연명의료 의향서'를 시스템(www.lst.go.kr)에 등록해 놓기도 했다.

이제부터 나도 몸은 의사에게 맡기고, 목숨은 하늘에 맡기고, 마음은 나 스스로 책임지며 살아갈 것이다. 이렇게 목숨은 내 것이 아니라 하늘의 것이라고 다짐을 하면서도 내 마음이 언제 다시 흔들려 내 것인 양 착각하게 될지 몰라 솔직히 불안하다. 이 불안한 마음을 내 졸시(拙詩) "이승 열차"로 다독거려 본다.

이승 열차

출발역과 종착역을 모르는
이승 열차
1939년 역에서
내릴 역도 모르고 승객이 되었네

2022년 역인지, 2025년 역인지
어느 역인지는 몰라도
이승 열차에서 내려
저승 열차로 바꿔 타야 하네

가지고 내릴 것 하나도 없네
나로 알고 살아왔던
육신까지 두고 가는 길
재물은 무엇이고, 명예는 무엇인가

잠시 빌려 타고 가는 이승 열차
탐욕도 내려놓고
미움도 내려놓고
가벼운 발걸음으로 돌아가세, 돌아가세.

(월간 『문학저널』 2016년 10월호)

3. 호수에 잠든 내 고향

고향이 뭐길래

호수에 잠든 내 고향 광주(廣州) 분원(分院)

물에 묻은 내 고향 분원

팔당호에 묻힌 소내 나루

원두막을 팔당호에 묻고

우천도(牛川圖)와 소내(苕川)

분원리 사옹원 감관 선정비

내 고향 분원(分院)과 하재일기

고향이 뭐길래

친구 K는 홍은동 한집에서 붙박이처럼 오십여 년을 살았다. 그러다가 도시 재개발로 어쩔 수 없이 홍은동을 떠나 분당 아파트로 이사를 하였다. 말이 오십여 년이지 평생 정붙이고 살았던 집인데….

분당으로 이사를 하고 제법 시간이 흐른 후, 처음 살아보는 아파트 생활이 어떠냐고 물었더니 여러 가지로 편하다고 대답을 한다. 다시 홍은동 집이 그리워 가끔은 가보고 싶겠다고 하였더니, "이상하지, 평생을 살아온 홍은동보다 어린 시절 십여 년을 살았던 고향 영월이 더 가보고 싶다."라고 의외의 대답을 한다.

우리 인간은 누구나 자기를 낳아준 부모나 길러준 고향에 대하여는 조건 없는 애정으로 평생을 그리워하며 살아가고 있다. 부모님이 부족하여도…. 고향 땅이 척박하여도….

내 고향은 경기도 광주시 남종면 분원리이다. 분원리는

1973년 팔당댐 준공으로 가옥은 헐리고 전답은 물에 잠겨 호수가 되었다. 가옥과 농토를 잃은 대부분 주민은 각기 살 길을 찾아 뿔뿔이 흩어졌다. 지금은 쇠락하여 옛 흔적조차 찾아보기 힘든 고향이지만 가끔 고향이 꿈에 보이고 그리움으로 남는다. 그래서 성묘도 할 겸 호수로 변한 고향을 가끔 찾고 있다. 호숫가에 앉아 정적이 감도는 팔당호를 바라보고 있노라면 나도 모르게 마음이 편안하다.

한국이 낳은 위대한 예술가, 비디오아트의 창시자인 백남준은 열여덟 젊은 나이에 한국을 떠나 독일과 미국에서 그의 예술혼을 꽃피우고 74세(2006년)를 일기로 세상을 떠났다. 그가 작고하기 2년 전(2004년) 시월, 그는 뉴욕 맨해튼의 '백남준 스튜디오'에서 휠체어에 의지하여 불편한 몸으로 신작 발표회를 겸한 기자회견을 열었다.

그 자리에서 기자가 그에게 "소원이 무엇인가요?" 물으니, 그는 서슴지 않고 "한국에 가는 거야, 죽으면 한국에 묻힐 거야."라고 대답을 한다. 다시 "한국에 가면 무엇을 하시려고요" 물으니 "어려서 자란 창신동 집에 가고 싶어, 그 집에는 대문이 있었어."라고 대답을 하였다. "그 집에는 대문이 있었어."라고 대답하면서 허공을 응시하는 그의 눈길에는 진한 그리움이 묻어나고 있었다. 그에게 어렸을 때 자란 창신동 집이 무엇이기에, 죽음이 멀지 않았음을 예감하고 있는 그의 입에서 '창신동 집 대문' 이야기 나온 것일까? 수구초심(首丘初心)이라 하였던가, 여우 같은 짐승도 죽을 때는 그가 살았던 언덕 쪽으로 머리를 둔다고 한다. 하물며 만물의 영장이라는 인간이 자기가 자라난 고향을 그리워하고 사랑하는 것은 너무나 당연한 일 아닌가. 오래전, 43년간 소록도에서 한센병 환자를 보살펴온 마리안(71세) 수녀와 마가레트(70세) 수녀가 편지 한 장을 남겨 놓고 그들의 고국, 오스트리아로 홀연히 떠났다는 기사를 본 일이 있다. 소록도 주민자치회장은 "주민에게 온갖 사랑을 베푼 두 수녀님은 살아있는 성모 마리아였다."라고 회고하고, 고향 오스트리아로 돌아간 두 수녀는 "마음은 소록도에 두고 왔어요."라고 소록도와의 인연을 이야기한다고 했다.

천사나 다름없는 두 수녀에게는 어떻게 보면 43년을 살아온 소록도가 고향이고, 고향인 오스트리아가 낯선 땅같이 생각되는데 사실은 그렇지 않은 것 같다. 두 수녀님은 어릴 적 동무들과 어울려 놀았던 곳, 부모님이 묻히신 고향 땅을 오매불망 그리워하며 긴 세월을 살아오신 것 같다. 말도 통하지 않는 물설고 낯선 타향에서 고향 하늘을 바라보며 눈물로 지새운 43년간의 그리움을 어떻게 필설로 다 표현할 수 있을까? 이제 고향 땅에서 가족과 친지들, 어릴 적 동무들과 못다 나누었던 정을 나누시면서 행복하게 사시길 마음속으로나마 빌어 본다.

고향은 누구에게나 특별한 곳이다. 평범해 보이는 농촌 마을도 그 땅에서 자라난 사람에게는 언제나 그리움의 대상이 되고, 안겨보고 싶은 어머니의 품이 된다. 우리에게 큰 사랑을 받는 정지용 시인의 '향수'도 흔히 볼 수 있는 농촌 정경을 노래한 것이다.

넓은 벌 동쪽 끝으로 / 옛이야기 지줄대는 실개천이 휘돌아 나가고 / 얼룩 백이 황소가 / 해설피 금빛 게으른 울음을 우는 곳 / 그곳이 차마 꿈엔들 잊힐 리야 // 질화로에 재가 식어지면 / 빈 밭에 밤바람 소리 말을 달리고 / 엷은 졸음에 겨운 늙으신 아버지가 / 짚베개를 돋아 고이시는 곳 / 그곳이 차마 꿈엔들 잊힐 리야 // …… // …… //

고향이 뭐길래, 이렇게 사람마다 오매불망 고향을 그리워하는 것일까. 어떤 이는 어릴 적 꿈을 키워왔던 곳, 꿈을 꾸던 곳이라고 대답을 하고, 어떤 이는 되돌아가고 싶은 곳, 생명의 요람 어머니의 자궁 같은 곳이라고 대답을 하기도 한다. 고향을 누가 어떻게 한마디로 설명을 할 수 있을까.

지금도 곳곳에서 많은 사람이 고향을 그리워하며 시름에 젖어 있을 것이다. 고향이 뭐길래, 때로는 병으로 다가오고,

때로는 약으로 다가오는 것일까.

나도 한가위를 지내놓고 가을이 깊어지기 전에 고향에 내려가 부모님 산소도 돌아보고, 그동안 쌓아놓았던 그리움도 덜어낼 생각이다. 하지만 그리움을 덜어낸 그 빈 곳에 다시 고향의 정겨운 햇살과 또 다른 그리움을 한가득 담아오게 될 것 같아 안타깝다.

(월간 『문학저널』 2020년 3월호)

호수에 잠든 내 고향 광주(廣州) 분원(分院)

어머니만큼이나 푸근하고 정겹게 다가오는 것이 고향이다. 그런데 내 고향 분원은 팔당댐 건설로 가옥이 헐리고 전답이 수몰되어 호수 밑에 잠들어 있다. 이제는 흐릿한 기억 속에 남아 있는 고향이지만 언제나 정겹게 다가오고 그리움으로 남는다.

분원이 이렇듯 크게 발전하게 된 것은 1752년, 사옹원의 사기 가마를 분원리에 고정하고부터이다. 가마를 고정하고 나니, 사기장(沙器匠) 380여 명과 사기장을 도와 일하는 잡부 천여 명, 그리고 그 가족들이 상주하게 된다. 여기에 농사를 짓는 농민들과 장사를 하는 상인들이 합쳐져 큰 마을이 형성된 것이다.

이렇듯 크게 발전하였던 분원은 1884년 관요(官窯)가 민영화되고, 값싼 일본산 사기가 밀려 들어오자, 1920년 도자기공장 문을 닫는다. 그때부터 분원은 자연스레 쇠락의 길을 걷게 된다. 다행히 서울 뚝섬에서 촉성재배를 하던 농민들이 도시개발에 밀려 옮겨갈 곳을 찾다가 사질양토가 광활하게 펼쳐진 분원으로 농장을 옮겨오면서 다시 활력을 찾게 된다.

그들의 주도로 1960년대 초부터 비닐하우스에 의한 온상재배가 시작되었고, 분원 벌판은 상추와 오이 등 각종 채소와 이를 수확하는 사람들로 활기가 넘쳐났다. 이렇게 제2의 전성기를 맞이하였던 분원리는 1973년 팔당댐 건설로 안타깝게도 수몰되고, 분원리 발전에 견인 역할을 하였던 소내나루는 사람이 살 수 없는 섬이 되었다.

팔당댐이 전력 생산과 상수원 확보에는 크게 기여하였지만 분원 사람들에게서는 삶의 의욕을 송두리째 앗아갔다. 그래서 각기 살길을 찾아 뿔뿔이 흩어져야 했다.

고향을 등진 그들은 지금도 각기 사는 처소에서 고향 생각으로 마음 아파하고, 눈물짓고 있을지도 모른다. 고향이 옛모습 그대로 있어도 엄마 품처럼 그리운 법인데, 옛 모습은 오간 데 없고 기억 속에 상상으로만 남아 있으니 안타깝기 그지없다.

분원초등학교는 나의 모교이자 직장이었기 때문에 각별하게 정이 간다. 학교가 동네 한가운데 높게 자리 잡고 있어 팔당호가 손에 닿을 듯 가깝게 다가온다. 그래서 고향에 가면 학교에 올라가, 바람을 타고 유유히 흘러가던 황포돛배도 그려보고, 낚시와 수영을 하던 경안천도 찾아보고, 벌거숭이가 되어 미역을 감고 미끄럼을 타던 냇가도 저기쯤 되겠구나, 짐작하면서 옛 추억을 더듬는다.

또 '두껍아 두껍아 헌 집 줄게 새집 다오'를 반복하면서 '두꺼비 집짓기'를 하고, 납작한 돌을 물 위로 스치듯 던져 몇 번을 튕기느냐에 따라 승부를 가르는 '물수제비뜨기'를 하던 강가 모래톱도 찾아본다.

때로는 사금파리를 다듬어 사방치기를 하고 놀던 일, 남의 집 참외를 서리하다 들켜 야단맞던 일, 집에 있던 청화백자 항아리를 양은솥과 맞바꾸어 없앤 일 등등, 어릴 적 추억으로 시간 가는 줄도 모르고 어둠이 내릴 때까지 우두커니 서 있기도 했다.

팔당호 아래에는 얼마나 많은 정(情)과 한(恨)이 서려 있을까? 아름다운 추억과 꿈은 영영 다시 끌어 올릴 수 없는 일인가? 팔당호를 바라보며 독백하듯 질문을 던져본다. 그러나 고향을 삼켜버린 광활한 호수는 아무런 대답이 없다.

(『고시계』 2018년 11월호)

이 글은 한국문화예술위원회가 주최한 '2016년 문학공감낭독경연대회에서 대상을 수상한 글이다.

물에 묻은 내 고향 분원

내 고향 분원(分院)은 조선 시대 관요(官窯)가 있어 백삼십여 년간, 청화백자 등, 질 좋은 자기를 구워내던 유서 깊은 마을이다. '분원'이란 마을 이름도 사옹원(司饔院)의 '분원'에서 비롯되었다. 나는 이 마을에서 태어나 성장하고, 그곳 학교에서 교편을 잡다가 팔당댐 공사가 한창이던 60년대 말에 고향을 떠나왔다.

그런데 지난 8월 초, 서울교원문학회 하계세미나를 분원초등학교에서 갖게 되어 자연스럽게 고향엘 다녀오게 됐다. 분원초등학교는 내가 근무할 때 만해도 칠백 명이 넘는 학생이 재학하고 있어 건물이 위, 아래에 나누어져 있었다. 지금은 학생이 백 명도 안 되어 아래에 있는 본 건물만 학교로 사용하고, 위 터에 새로 지어 내가 처음 수업을 했던 건물은 '분원백자관'으로 용도가 바뀌어 있었다.

내가 6학년 담임을 하며 정을 들였던 교실, '분원백자관' 앞

뜰에 서서 물에 잠긴 고향 땅을 마음으로만 바라보다가 돌아왔다. 그날 내가 실제로 본 것은 고향 땅이 아니라 푸른 하늘과 넓디넓은 호수였고, 호수 건너로 팔당댐과 다산 정약용 선생의 묘소가 눈에 들어왔지만 하나의 정물처럼 생명력이 없어 보였다.

고향을 찾긴 했지만 내가 그리던 고향은 아니었다. 30여 년 전 팔당댐이 완공되면서 내 유년 시절의 꿈을 영글게 했던 넓은 들판, 어항을 놓고 물장구치던 냇가도 물에 잠겨 이제는 그 흔적조차 찾을 수 없었다. 그날 나는 아쉬움만 남긴 채 빈 마음으로 돌아왔다.

고향을 그린 노랫말에 '날 저무는 논길로 휘파람 불면서 아이들도 지금쯤 소 몰고 오겠네.'라는 구절이 생각난다. 그렇지만 어린 시절 지게에 소먹이 풀을 베어 얹고, 소를 몰고 다니던 논 밭길이 모두 물에 잠겨 어디에서도 고향의 정을 느낄 수 없었다.

6·25 전쟁 때까지만 해도 내 고향 분원에는 자기를 굽던 가마가 있었고, 일반 가정에서도 청화백자항아리를 한두 개씩은 보통 가지고 있었다. 우리 집에서도 항아리 두 개를 뒤주 위에 두고 씨앗이나 참깨나 들깨를 넣어 보관했었다.

그 청화백자항아리를 지금까지 가지고 있었다면 값이 적지 아니 나갈 것이다. 기억이 확실하지 않지만, 그 당시 양은

냄비나 솥과 같은 생활용품으로 바꾸어 없앤 것 같다. 너무 몰라서 그렇게 했겠지만, 전쟁 중이라 너무 곤궁하여 생긴 일이려니 자위할 수밖에…. 생각하면 생각할수록 아쉬움으로 남는다.

나는 부모님 산소도 돌볼 겸 고향에 비교적 자주 가는 편이다. 그런데 산소에만 들렀다가 바로 올라오기 때문에 분원백자관도 그날 처음 둘러보았다.

그날 나는 아쉽고 안타까운 마음으로 돌아와 곰곰이 생각하니 낮에 호수를 내려다보면서 추억을 더듬을 때보다는 고향의 여러 모습을 좀 더 또렷하게 기억해 낼 수 있었다.

그림 같은 황포돛배가 바람을 타고 유유히 흘러가던 한강, 낚시하고 벌거벗은 채 수영을 하던 경안천, 그 경안천변에 우뚝 솟아 팔당호를 한눈에 조망할 수 있는 감투바위 등이 아름다운 모습으로 정겹게 다가왔다.

그렇지만 물속에 잠겨버린 고향 하늘, 공기, 인정, 꿈을 망각의 저편에서 끌어내려고 안간힘을 써보았지만, 마음뿐이지 뜻대로 되지를 않는다. 너무 많은 시간이 흘렀나 보다.

사람이면 누구나 어머니를 사랑하고 그리워하듯이 태어나고 자란 고향을 그리워하기 마련이다. 나도 내 고향 분원을 사랑하고 그리워한다.

우리나라 도자기 역사와 함께 이루어진 마을, 과학적 영농으로 경제적 풍요를 누리던 마을, 일찍이 학교·교회·전기가 들어와 문화의 혜택을 누린 마을, 수상교통의 요지에 물류의 중심지가 된 사백여 호의 큰 마을, 그 마을이 자랑스러운 내 고향 분원이다.

그런데 이제는 정을 나누던 사람들은 뿔뿔이 흩어져 서로 소식마저 끊은 채 살아가고 있으며, 칠십여 호로 줄어든 작은 마을에는 낯선 사람이 늘어나고, 마을 이미지도 '백자 마을'에서 달갑지 않은 '붕어찜 마을'로 바뀌고 말았다.

물속에 묻혀 내 생애에서는 다시 찾을 수 없는 꿈속의 고향! 봄이면 종달새 높이 떠 지저귀던 보리밭, 여름이면 검게 익은 오디를 따먹던 뽕나무밭, 가을이면 누렇게 익어가는 벼를 외롭게 지켜내던 허수아비, 개구리헤엄을 치며 뛰어놀던 냇가, 검단산 너머로 석양 따라 붉게 타오르는 저녁노을, 이제는 다가갈 수 없는 꿈의 고향이 되고 말았다. 내 유년 시절의 꿈과 낭만은 어디에서 찾아야 하나?

'푸른 하늘 끝닿은 저기가 거긴가, 저녁마다 놀지는 저기가 거긴가.'

물에 잠겨버린 고향 땅, 그 속에서 마음껏 뛰어놀던 유년 시절이 정말로 그립구나. 그리고 그때 그 동무들이 보고 싶구나.

(졸저 『참을 걸 베풀 걸 즐길 걸』 2006년)

팔당호에 묻힌 소내 나루

올 1월 14일, '가요 무대'라는 TV 프로그램에 가수들이 나와 자신의 출세 곡을 노래했다. 그 가운데 가사도 서정적인 데다가 가락 또한 구성지고 애절하여 즐겨듣는 '처녀 뱃사공'도 있었다.

처녀 뱃사공은 6·25 전쟁 중에 군인 간 오빠를 대신하여 두 자매가 노를 저어 길손을 건네주는 모습을 보고 노랫말을 지었다고 한다.

낙동강 강바람이 치마폭을 스치면
군인 간 오라버니 소식이 오네
큰 애기 사공이면 누가 뭐라나
에 헤야 데 헤야 노를 저어라, 삿대를 저어라

이 노래를 들으면 강바람이 스쳐 지나가는 나루터 정경과

처녀 뱃사공이 힘겹게 길손을 건네주는 애잔한 모습이 한 폭의 그림이 되어 다가온다.

그런데 다른 때는 평범히 들어 넘겼던 '에 헤야 데 헤야 노를 저어라, 삿대를 저어라'라는 가사가 그날은 마음에 걸렸다. '삿대를 저어라'라는 가사는 정확히 말하면 틀린 표현이기 때문이다.

내가 어렸을 적에 뛰어놀던 '소내' 나루에서는 삿대를 질러 배를 강으로 밀어내고, 노를 저어 건너간 다음 다시 삿대를 질러 속도를 줄여 강가에 대고 손님을 내렸다. 강물이 줄었을 때는 아예 노는 사용하지 않고 삿대질만으로 손님을 태워 건네기도 했다.

사실 노, 삿대, 돛, 닻을 구별 못 하는 경우가 적지 않게 있다. 하지만 이 노래에서는 작사자가 '노를 저어라'의 대구(對句)로 '삿대를 질러라' 하면 음률이 매끄럽지 못할듯하여 잘못된 표현임을 알고도 '삿대를 저어라'라고 그대로 적은 것이 아닌가 하는 생각이 든다. 하여간에 나는 귀로 노래를 들으면서 마음은 어렸을 때 뛰어놀았던 소내 나루로 달려갔다.

우리는 강가 모래톱에서 '두껍아 두껍아 헌 집 줄게 새집 다오'를 반복하면서 '두꺼비 집짓기' 놀이를 하였고, 납작한 돌을 물 위로 스치듯이 던져 몇 번을 튕기느냐에 따라 승부를 가르던 '물수제비뜨기' 등을 하면서 재미있게 놀았다.

그런데 그 놀이터와 나루터가 1973년 팔당댐 준공으로 모두 물속에 잠겨 이제는 마음의 눈으로밖에 볼 수 없는 추억이 되었으니 안타깝기 그지없다.

소내 나루는 경기도 광주군 남종면 우천리 앞 한강 가에 있던 나루터이다. 우천(牛川)이란 소 우(牛), 내 천(川)의 합성어인데, 이는 소내(苕川)라는 원래 지명을 한자로 표기하는 과정에서 생겨난 오류인 듯싶다. 그러니까 한글 소를, 소를 의미하는 한자 우(牛)로 적고, 내를 의미하는 한자 천(川)으로 적어 우천으로 표기한 것 같다. 다산 정약용이 고향 집에 돌아와서 지은 시 '소내 집에 돌아와서'(還苕川居)에는 분명히 소내(苕川)라고 표기되어 있는데, 언제부터 '우천'으로 바뀌었는지 알 길이 없다. 김정호의 대동여지도에도 경안천이 우천(牛川)으로 표기되어 있고, 1741년경 그려진 겸재 정선의 그림에도 우천도(牛川圖)로 표기되어 있으니 말이다.

옛날에는 육상교통보다 수상교통이 중심이 되었기 때문에 소내 나루에 들어오고 나가는 물동량이 그 당시 번성하였던 송파나루와 비슷했다고 한다. 그리고 조선백자 도요지로 유명한 분원마을 어귀에 있어 백자를 굽는데 필요한 흙을 남한강을 통하여 실어왔고, 구워낸 왕실 사기그릇은 배에 실려 한양으로 올려보냈다.

내가 어렸을 때만 해도 채소와 장작을 돛단배에 가득 싣고 서울로 가는 장면을 흔히 볼 수 있었다. 그때는 한강 수계에 댐이 적어서 그랬는지 강바닥이 깊어서 인지는 몰라도 물의 양이 많았고 경치도 아름다웠다.

물안개 피어오르는 강가에 외롭게 떠 있는 한 척의 나룻배, 유유히 흘러가는 강물을 따라 날갯짓을 하는 이름 모를 새들, 흰 구름이 무리 지어 뭉게뭉게 피어오르는 파란 하늘은 정말 장관이었다.

해가 질 무렵이면 검단산의 큰 그림자도 물속에 잠기고, 때로는 해지기 전에 솟아오른 하얀 달이 물 가운데 뜨기도 했다. 여기에 미풍이라도 불면 물에 잠긴 검단산도, 강가의 미루나무도 너울너울 춤을 춘다. 그 경치는 실제 모습보다 더 아름답고 신비스러웠다.

그렇듯 아름다운 강과 넓은 벌판이 호수에 묻히면서 상전벽해(桑田碧海)라는 말의 뜻을 실감할 수 있었다. 이제는 다시 볼 수 없게 된 소내 나루의 정경을 이렇게 글로 어렴풋하게나마 전하려는 것은 우리 세대가 지나가면 그나마 흔적도 잊어버리고 말 것이라는 안타까운 마음 때문이다.

지금도 고향 분원에 가면 팔당호반을 내려다보며 내 유년의 꿈을 찾아 헤맨다. 그럴 때면 놀이터가 되고 일터가 되었던 넓은 들, 여정(旅情)을 달래던 소내 나루, 멱 감으며 뛰어놀았던 모랭이(경안천), 멱을 감던 도린개(마을 앞 들판을 맴돌아 흐르던 내)를 호수 속에서 건져 내어 다시 그려보고, 삶의 터전과 추억을 모두 앗아간 팔당댐을 마음속에서 모두 헐어낸다.

밤이 깊어가고 있다. 낙동강 강변에서 힘들게 노질을 하는 처녀 뱃사공과 한강 소내 나루에서 느릿느릿 삿대질하던 늙수그레한 뱃사공의 모습이 오버랩되면서 이유를 설명할 수 없는 슬픔이 나를 팔당호 아래로 한없이 가라앉게 한다. 그 깊이를 알 수 없는 심연(深淵)으로….

(졸저 『하늘을 보라』 2009년)

원두막을 팔당호에 묻고

부모님 산소에 다녀온 지가 몇 개월 된 것 같다. 그동안은 한 달에 한 번꼴로 산소를 찾았는데…. 공연히 죄지은 것 같아 마음이 편치 않았다. 그래서 칠월 중순 어느 날. 더워지기 전에 산소에 다녀올 요량으로 아침 일찍 아내와 함께 집을 나섰다.

산소는 고향 '분원'마을 산 중턱에 자리하고 있다. 산소에서 내려다보면 팔당호와 소내 섬, 그리고 팔당댐이 한눈에 들어온다. 조금 습하고 그늘이 일찍 져서 그렇지 산소 자리로는 일품이다. 그래서 나도 죽으면 그곳에 묻힐까 한다. 좋은 나무 하나 심어놓고 그 곁에 수목장(樹木葬)할까? 아니면 납골당을 지어 그곳에 유골을 안치(安置)할까? 생각이 많다. 그날도 팔당호를 하염없이 바라다보며 이런저런 생각으로 가슴앓이를 했다.

내 고향 '분원'은 남한강과 북한강이 만나는 두물머리(양

수리)에서 팔당댐 쪽으로 2Km쯤 내려오다 보면 왼쪽으로 수상교통의 요지였던 소내 섬이 나오는데, 그 섬 안쪽에 자리 잡고 있다. 그러니까 팔당호를 사이에 두고 다산 정약용 선생의 출생지인 마현 마을과 마주하고 있다. 또 분원은 조선백자 생산지로도 유명하다. 마을 이름 '분원'도 조선 시대 사옹원의 '분원'에서 비롯된 것이다. 이렇듯 유서 깊은 분원 마을은 팔당댐이 건설되면서 가옥과 전답이 수몰되어 주민 대부분이 고향을 등지고 떠났다. 그리고 '소내' 마을, 우천리는 사람이 살 수 없는 작은 섬이 되고 말았다.

그 소내 마을 가까이에 육백여 평에 이르는 우리 밭이 있었다. 그 밭에는 주로 보리와 밀을 심었다. 그러다가 어느 해에는 참외를 심고 길가 쪽에 원두막도 지었다. 당시는 온상에 의한 촉성 재배기술이 보급되지 않은 때라 여름 농사로 수익성이 있는 참외를 노지(露地)에 그냥 재배하였다. 그때는 과일이 귀한 때라 참외의 인기는 정말로 대단하였다.

지금으로부터 꼭 육십 년 전인 1957년 여름 어느 날이다. 그날 원두막에서 하룻밤을 보냈는데, 이상하게도 그 기억이 지금까지도 잊히지 않고 생생하게 떠오른다. 그때 나는 고등학교 3학년 학생이었으나 가정 형편이 어려워 진학의 꿈을 접고, 방학하자마자 곧바로 고향으로 내려와 농사일을 도왔다.

그날도 해질녘까지 소먹이 풀도 베고, 참외밭에 풀도 뽑고, 잎사귀 밑에 숨어 노랗게 익어가는 참외를 살펴보다가 해질녘에 집으로 들어왔다. 젖은 땀을 시원한 우물물로 씻어내고 잠시 쉰다고 누웠다가 깜빡 잠이 들었다. 선잠을 깬 나는 냉수 한 대접으로 정신을 차리고, 저녁 식사를 간단히 한 후에 서리꾼으로부터 참외도 지키고 더위도 피할 겸 원두막으로 나왔다.

원두막은 대개 기둥 네 개를 세워 그 꼭대기에 이엉을 엮어 지붕을 만들고 그 아래에 널빤지를 깔아 마루를 만든다. 이 원두막은 참외를 지키는 일 외에도 일꾼들의 쉼터가 되기도 하고, 오고 가는 길손들의 휴식 공간도 되었다. 때로는 참외를 수확하여 직접 판매하는 상점 구실도 했다.

나는 원두막에 도착하여 모기장부터 치고, 남포에 불을 붙이려다가 불만 보면 까맣게 모여드는 부나방 떼가 귀찮아서 불 켜는 일을 그만두었다. 오랜만에 나만의 공간에서 네 활개를 펴고 누우니 여유로움과 편안한 마음이 절로 생겨나는 듯했다. 그러나 진학문제 등 내 처지에 생각이 미치자 편안했던 마음은 금세 사라지고 마음속 깊은 곳으로부터 알 수 없는 분노와 안타까움이 솟구쳐 올라왔다.

둥근달이 중천에 뜬 걸 보니 음력으로 보름 가까이 되었고, 밤이 꽤 깊었다는 사실을 알 수 있었다. 그때 팔당 터널쯤인지, 양수리 철교쯤인지 가늠이 가지 않지만, 중앙선을 달리는 기차의 기적소리가 바람결에 들려왔다. 다른 때는 무심히 들어 넘기던 기적소리인데 그날 밤에는 기적소리를 듣는 순간, 어떤 사람들이 타고, 어디로 가는 기차일까? 강릉으로 가는 것일까? 경주로 가는 것일까? 하는 생각과 함께 기적소리가 슬픔으로 내게 다가왔다.

밤도 깊어가고 내일 할 일도 걱정이 되어 잠을 청해보지만, 이 생각 저 생각으로 잠이 오질 않는다. 잠을 이루기 위해 이리저리 뒤척이고 있는데, 소내 쪽으로부터 두런두런 사람 소리가 들려왔다. 혹시 서리꾼은 아닐까 하는 경계심으로 정신이 번쩍 들었다.

그리고 한참 후에 저벅저벅 발걸음 소리를 내면서 두 사람이 원두막 앞 큰길을 지나 분원 쪽으로 갔다. 서리꾼은 아니로구나 하고 안도하면서 혹시 아는 사람이 아닐까 하는 생각에서 유심히 살펴보았으나 먼발치의 사람을 달빛으로 식별하기가 쉽지 않았다. 그날 나는 뜬눈으로 밤을 지새우고 아침 녘에 잠이 들었다가 한낮이 다 되어서 일어났다.

호수를 내려다보며 그 옛날 어느 달밤의 기억을 찾아 헤매고 있는데, 언제까지 산소에 있을 거예요? 하고 아내의 짜증 섞인 목소리가 들려왔다. 그제 서야 나는 광활하게 펼쳐진 팔당호에서 눈을 뗄 수 있었다.

짧은 시간에 나는 호수 밑바닥에 참외밭을 일구고, 원두막까지 지어놓고, 그곳에 누워 잠시 꿈을 꾸었나 보다. 잠시이긴 하나 몽중몽(夢中夢)이라더니 정말로 세상사가 덧없음을 다시 한번 깨달을 수 있었다.

그날 나는 참외밭과 원두막은 팔당호에 다시 묻고, 아픔인지 슬픔인지 알 길 없던 기적소리를 내 마음에 담아 산소를 내려왔다.

(월간 『문학저널』 2008년 1월호)

우천도(牛川圖)와 소내(苕川)

우리나라 진경산수화의 대가 겸재 정선(1676~1759)의 그림에 '우천도'가 있다. '우천도'는 그 명칭대로 라면 '우천리' 풍경이 그려져 있어야 하는데, 실제 그려져 있는 것은 조선시대 사옹원의 분원(分院)이 있든 '분원리'이다. 우천리가 분원리 앞에 자리하고 있었음에도 그 경치가 생략된 것이다. 그림 제목과 내용이 다르면 어떤가, 우리 역사에 길이 남을 유명한 화가가 그린 그림에 내 고향 분원의 경치가 멋있게 그려져 있는데….

우천도를 보는 순간 조선백자(白瓷)의 영혼이 깃든 분원의 자연풍광이 자랑스럽게 느껴졌고, 어릴 적에 뛰어놀던 동무들과 넓은 들판이 아련한 추억 속에 한 송이 꽃처럼 피어났다.

그런데 그림을 보면서 의문이 생겨났다. 하나는 '우천도'라고 명칭을 붙여 놓고 '우천리'는 드러내지 않고, 왜 '분원리'를 중심에 놓고 그렸을까 하는 의문이고, 다음은 행정 구역상으로는 우천리로 불렀지만, 실제는 '소내', '소내 나루'로 불렀는데 '우천'과 '소내'는 어원이 처음부터 같았던 것인가? 아니면 다른 것인데 추후에 같게 사용한 것인가?

그동안 나는 '소내'라는 한글 이름은 일본강점기 때 한자화하여 '소'를 우(牛)로 적고 '내'는 천(川)으로 적어, '우천(牛川)'으로 표기한 것으로 알아 왔는데, 18세기 중반에 그려진 유명한 그림에 이미 우천(牛川)이라고 한자로 표기되어 있고, 고지도인 대동여지도에도 경안천이 '우천'으로 표기되어 있으니(필자가 소장하고 있는 대동여지도 영인본에서 확인함), 내가 잘못 알고 있었던 것은 확실하다.

한편 '소내'는 다산 정약용의 시 '환소천거(還苕川居; 소내 집에 돌아와서)'에서 찾아볼 수 있는데, 일부에서는 이때 '소내(苕川)'는 소내 마을 앞을 흐르던 한강이 아니라 지금의 다산기념관 앞을 흐르던 작은 샛강이라고 주장하고 있다. 우천 마을 앞을 흐르던 한강 옆으로 '소내'라는 작은 샛강이 흘렀다는 주장이다. 그런데 '소내 집에 돌아와서.'라는 시에는 "예전처럼 고깃배 눈에 보여라"라는 구절이 있다. 한강 옆 샛강에 고기 잡는 배가 드나들 정도의 또 다른 큰 강이 있었다는 이야기이다. 다산 생가를 휩쓸고 간 을축년 대홍수가 지형을 크게 바꾸어놓았다고 하더라도 쉽게 이해가 되지 않는 주장이다.

1973년 소내 마을이 수몰되기 직전까지는 소내와 우천은

동의어로 사용하였다. 언제부터, 어떻게 소내와 우천이 동의어로 사용하게 되었는지는 알 길이 없지만, '소내'와 '우천'은 하나의 마을 명칭이었다. 행정 구역을 지칭할 때는 우천리라고 불렀고, 실생활에서는 소내라고 불렀다. 소내 밭에 다녀오라고 했지. 우천리 밭에 다녀오라고는 하지 않았다.

다음 '우천도'라고 해 놓고는 분원을 중심에 놓고 그린 것 때문인지 어떤 이는 '겸재가 경교명승첩을 그린 것이 영조 17년(1741)이 확실하다면 이 그림은 분원리가 아니라 금사리가 되어야 한다.'라고 주장하면서 그 이유로 그림에 나오는 큰 기와집(사옹원 관청)을 문제 삼고 있다. 사옹원의 분원이 지금의 분원에 고정된 것이 영조 28년(1752)이고, 우천도가 그려진 것은 1741년이니 당시는 분원에 관청이 없었을 것이라는 추정 때문이다.

앞뒤가 안 맞는 것은 사실이나 분원에서 태어나고 자란 내가 보기에 '우천도'는 '분원'을 그린 것이 확실하다. 그렇다면 1741년 당시에 이유야 어쨌든 간에 분원에 사옹원 관아가 지어져 있었다는 이야기가 된다. 내 추측이기는 하나 사기를 굽는 번조소(燔造所)를 분원리에 고정하기 위한 계획을 세우면서 관아를 먼저 지어놓은 것일 수도 있고, 1726년 금사리로 번조소를 옮길 때 금사리에 관아를 짓지 않고 '금사리 번조소'는 물론 '소내 나루'와도 1Km 정도밖에 떨어져 있지 않은 교통의 요지 분원리에 아예 사옹원 관아를 지어놓은 것일 수도 있다.

사실 소내 나루를 관문으로 두고 있는 분원리는 수상교통의 요지로 맑고 풍부한 물, 충분한 땔감, 백토 등 원료의 조달과 완성품의 수송이 편리하여 도자기제작소로서의 여러 조건을 완벽하게 갖추었다. 그렇기에 분원리는 수백 년간 도자기 산업의 중심에 있었고, 분원사기는 뛰어난 예술성과 역사성으로 지금까지 사랑을 받고 있다.

분원 관요(官窯)에서 생산된 '청화백자용문항아리'가 1996년 미국 뉴욕 경매시장에서 842만 달러, 한화 100억여 원에 팔렸다는 기사를 본 일이 있다. 이렇듯 엄청난 가격을 지닌 도자기를 생산해낸 곳이 사옹원 분원이다. 내 고향 분원의 눈부신 발전은 남·북한강과 경안천이 돌아드는 합수 지점에 소내 나루, 우천리가 있었기에 가능한 일이었다.

그런데 지금은 소내 나루, 우천리라는 땅은 물에 잠기고 그 지명도 없어졌다. 다만 바다같이 넓은 호수 한가운데 떠 있는 무인도, 작은 '소내섬'만 남아 있을 뿐이다. 상전벽해(桑田碧海)라 하였던가, 아름다운 산하는 물론이고 사질양토의 넓은 문전옥답이 모두 물속에 잠겼다. 내 어릴 적에 두꺼비집 짓고 물수제비뜨기를 하면서 뛰어놀았던 경안천 백사장도, 소내 나루 백사장도 내 유년의 꿈과 함께 모두 물속에 묻고 말았다.

이렇듯 소내 나루도 우천리도 없어지고 말았지만 '소내'라는 지명과 '우천'이라는 지명은 역사 속에 살아 숨 쉬고 있다. 실제 땅은 없어졌지만, 그 명칭 '소내(苕川)'와 '우천(牛川)'이 언제부터 어떻게 동의어로 사용하게 되었는지를 밝히는 연구가 이루어졌으면 하는 바람이다.

우리나라 백자의 영원한 고향, 경기도 광주시 남종면 분원리의 '백자 도요지'가 재조명되어 역사 속에서 그 문화적·예술적 가치를 새롭게 인정받아 역사문화탐방지로, 세계문화유산으로 거듭나기를 기대해 본다.

(월간 『문학저널』 2016년 4월호)

분원리 사옹원 감관 선정비

경기도 광주시 남종면 분원리의 '분원'이란 명칭은, 조선시대 궁중 음식을 장만하는 일을 맡아보던 사옹원(司饔院)의 분원(分院)에서 유래되었다. 사옹원에서는 왕실에서 사용하는 그릇을 만들기 위하여 경기도 광주에 '분원'을 설치하고 도자기를 제조하는 번조소(燔造所)를 운영하였다. 도자기를 구울 때는 많은 땔나무가 필요하다. 그래서 땔나무를 원활하게 조달할 수 있는 곳으로 그때그때 번조소를 옮겼다. 그러나 번조소를 옮겨도 시간이 얼마 지나지 않아 땔나무가 다시 고갈될 수밖에 없었다. 궁여지책으로 땔나무도 도자기를 굽는 흙과 같이 외지에서 들여오기로 하고, 1752년(영조 28년)부터 번조소를 지금의 '분원리'에 고정하여 운영하였다.

그런데 겸재 정선(鄭敾)이 1741년경에 그렸다는 우천도(牛川圖)에 사옹원 분원의 관아가 보인다. 순리로 판단할 때, 1752년부터 분원에 번조소를 고정하여 운영하였다면 1741

년에 그린 그림에는 사옹원 관아가 없어야 옳다. 그래서 어떤 이는 우천도에 나오는 마을은 '분원리'가 아니라, 분원리 이전에 번조소가 있던 '금사리'라는 주장을 펴기도 했다.

그러나 분원에서 태어나 그곳에서 교편을 잡았던 내가 보기에 '우천도'는 '분원리'를 그린 것이 확실하다. 그렇다면 이유야 어떠하든 간에 사옹원 관아가 1741년경, 이미 분원리에 지어져 있었다는 이야기가 된다. 그 사실을 우천도가 사료(史料)로써 확인해주고 있는 셈이다.

번조소를 분원에 고정하여 운영하기 전에 관아가 먼저 지어진 단서를 혹시 찾아낼 수 있지 않을까 하는 생각에서 분원백자관 앞에 서 있는 사옹원 감관 선정비(司饔院 監官 善政碑)를 살펴보았다. 사옹원 감관 선정비는 모두 열다섯 기(基)가 서 있는데, 총 책임자인 도제조(都提調) 비가 다섯 기, 그 밑의 제조(提調)비가 다섯 기, 실무 책임자였던 번조관(燔造官) 비가 다섯 기이다. 도제조 비석에는 명재상 채제공(蔡濟恭) 비도 있고, 제조 비석에는 대원군의 형 흥인군(興寅君)의 비, 번조관 비석에는 다산 정약용의 아들 학연(學淵)의 비도 있다. 그런데 모두가 1756년 이후에 세워진 것이라 1741년경에 일어난 일을 밝혀내는 데는 도움이 되지 않았다.

1756년 이전의 사옹원 감관 선정비도 어딘가에 있을 터인데…. 그 비석들을 찾아내어 현재 분원에 있는 선정비와 함께 세워놓으면 사료로서의 가치가 더 클 터인데…. 사옹원 감관 선정비도 통영 통제영의 '통제사 비석군'처럼 집중관리 되었으면 하는 바람이다.

분원에 있는 선정비는 모두 청나라 연호를 사용하고 있다. 그래서 서기로 환산하는데, 어려움을 겪기도 하였다. 가장 오래된 것은 건륭 20년(서기 1756)에 세워진 제조 능창군 선정비이고, 가장 최근 것은 광서 16년(서기 1890년)에 세워진 제조 민영달의 선정 비이다. 비석이 세워 진지 그리 오래되지 않았는데도 글자가 마모되어 두 개의 비석은 세워진 연도를 알 수가 없다.

현재 분원백자관 앞의 비석들은 1960년대 말까지는 귀여리로 가는 길 우측 야트막한 언덕 위에 세워져 있었다. 그러다가 1973년 팔당댐 건설로 수몰 위기에 빠지자, 1970년대 초에 분원초등학교 동편 언덕으로 옮겨졌다가 2011년 현재의 위치로 다시 옮겨진 것이다. 흔히들 비석이 우천리로 가는 길목에 서 있었다고 잘못 이야기하고 있는데, 시간이 오래 흐르다 보면 잘못된 정보가 사실화될 수도 있겠다는 생각에서 밝혀두는 것이다.

비석을 자주 옮기다 보니 비석의 보존 상태가 좋지 않은 것도 있다. 75세 나이(1857년)에 번조관이 되어 77세에 작고

한 정학연의 비는 옮기는 과정에서 그랬는지 두 동강 난 것을 붙여 놓은 것처럼 보이고, 채제공 선정비는 비석을 받쳐주는 대석도 없고 하단 부분도 잘려나간 상태이다.

사옹원 감관 선정비를 어디서 관리하고 있는지는 몰라도 비석이 더 이상 파손되거나 글자가 마모되기 이전에 탁본해서 따로 보관하였으면 좋겠다. 이미 그러한 조치가 이루어졌다면 정말로 다행한 일이다.

분원 도자기와 관련하여 몇 가지 사실을 참고로 밝혀둔다. 사십여 년 전, 현재 사용하고 있는 분원초등학교 건물 서쪽에 교실 하나(현재 병설유치원)를 신축하였다. 그때 터 닦기 작업을 하다가 땅속에서 온전하게 보존된 가마 하나를 발견하였다. 그런데 문화재에 관한 관심이 지금과 같지 않아서인지, 관리자의 무관심 때문이었는지 공사가 그대로 진행되었다.

그 당시 분원초등학교에 근무하였던 한 직원은, 가마 발견 사실을 교육청에 보고하면 공사만 지연될 우려가 있어 보고하지 않고 공사를 진행한다고 했다. 가마는 어떻게 했느냐고 물었더니, 그냥 덮어버렸다고 간단히 대답을 했다. 그의 말대로 그냥 덮어버렸다면 가마는 지금 땅속에 온전하게 보존되어 있을 수도 있다.

또 1884년에는 분원관요(分院官窯)가 민영화되고, 1920년에는 민간이 운영하던 그 가마마저 모두 없어졌다고 한다. 그러나 6·25전쟁이 난 1950년까지도 대추나무 골(고을) 망주(두)산 밑에 백토를 걸러내던 시설과 가마가 분명히 있었다.

한 가지 아쉬움으로 남는 것이 있다. 그것은 우리 집 뒤주위에 있던 청화백자항아리를 양은 주전자와 밥솥과 맞바꾸어 없앤 일이다. 6·25전쟁 후에 먹고 사는 일이 힘들다 보니 너 나 할 것 없이 모두 귀중한 보물을 헐값에 없애고 말았다. 지금 생각하니 아쉽고 부끄럽기 그지없다.

(월간 『문학저널』 2016년 5월호)

내 고향 분원(分院)과 하재일기

내 고향은 경기도 광주시 남종면 분원리이다. '분원'이란 마을 명칭은 조선 시대 궁중 음식을 장만하고 관리하던 사옹원(司饔院) 분원(分院)에서 유래되었다. 사옹원에서는 왕실에서 사용하는 그릇을 만들기 위하여 광주(廣州)에 '분원'을 두고 도자기를 제조하는 번조소(燔造所)를 운영하였다.

도자기를 굽기 위해서는 많은 땔나무가 필요하다. 그래서 땔나무를 원활하게 조달할 수 있는 곳으로 번조소를 그때그때 옮겨야 했다. 그러다 보니 불편한 점이 하나둘이 아니었다. 궁여지책으로 영조 28년(1752년), 나무도 무성하고 외지에서 한강을 따라 땔나무를 운반하기에 편리한 지금의 '분원리'에 사옹원 '분원'과 '번조소'를 고정하여 놓고 도자기를 생산하였다. 이때부터 도자기 굽는데 필요한 땔나무도 도자기용 흙과 같이 외지에서 들여오기 시작했다(분원리는 행정 구역 개편으로 1908년 양근군에서 양평군으로, 1914년 양평군에서 광주군으로 편입된다).

조선왕조실록(숙종실록)에 '1718년 6월 19일, 사옹원에서 번소(燔所)를 양근군(楊根郡) 우천(牛川) 강가로 옮겨 설치하도록 청하였더니 세자가 이를 허락하였다.'라는 내용이 있다. 그로부터 34년이 지난 1752년, 양근군 우천 강가에 새로 조성한 마을로 사옹원 '분원'과 '번조소'가 이전을 한다. 그런데 새로 조성된 마을이라 이름이 없다 보니 그냥 '사옹원 분원'으로 불리다가 시간이 지나면서 '사옹원'은 생략되고 자연스레 '분원'이라는 새 지명만 남은 것으로 추정된다.

이렇게 생겨난 분원마을의 '사옹원 분원'은 경영난 등 여러 가지 사정으로 1884년 민영화되어 없어지고, 그 대신 생겨난 것이 분원공소(分院貢所)이다. 하재일기(荷齋日記)는 이 공소의 공인(貢人) 하재 지규식(池圭植)이 무려 20년 7개월(1891년 1월 1일부터 1911년 6월 29일까지) 간 쓴 일기로 총 9책이며 서울대학교 규장각에 소장되어 있다.

일기에는 자신의 일상생활과 그가 살았던 분원마을 이야기, 분원공소의 운영, 당시 사회상, 물가 등을 상세히 기록하고 있어 사료적 가치가 매우 크다. 하재일기의 사료적 가치를 중히 여긴 서울특별시 사료편찬위원회는 9책 모두를 8권으로 국역(國譯)하였다.

나는 이 일기를 통하여 그동안 몰랐던 고향 분원마을의 옛

생활 모습을 어렴풋이나마 짐작할 수 있어 매우 기뻤다. 그리고 기록문화의 중요성을 새롭게 깨달았다. 사실 예전에는 기록문화가 발달되어 있지 않아 주로 구전을 통하여 선조들의 생활 모습을 짐작하였으나 나는 하재일기를 통하여 분원마을의 옛 모습에 대하여 많은 것을 새로이 알게 되었다.

우선 나의 고향이자 지규식의 생활 터전이었든 분원마을의 규모이다. 그동안 나는 여러 자료와 노인들의 말씀을 통하여 어림짐작으로 분원마을이 한창 번성하였을 때는 700여 가구가 살았다고 글을 써왔다. 그런데 하재일기를 인용하여 쓴 "분원마을 주민이 경험한 갑오년 난리"라는 논문에는 분원에 3천여 명의 주민이 살았다고 하면서, 이 3천 명을 조선후기 가구당 평균인구 4.2명으로 나누면, 분원마을에는 714 가구가 살았다는 답이 나온다고 되어 있다. 그러니까 어림짐작으로 분원에 700여 가구가 모여 살았다고 쓴 내 글이 용케 맞아떨어진 셈이다. 19세기 말에 한 마을 인구가 삼천여 명에 이르렀다는 것은 흔치 않은 일로, 도자기 산업과 유통업, 그리고 농업이 크게 발전하였음을 말해주고 있다.

분원마을에는 지금도 6리 골(고을), 7리 골, 8리 골이라는 고을 명칭은 그대로 남아 있으나 1리부터 5리에 관한 내용은 찾아볼 수가 없다. 그런데 일기에는 8개 '리'에 각각 동네일을 맡아보는 리임(里任)을 두었다는 내용이 있다.

그리고 '지규식'이 처음에는 분원 3리에 살았는데 행정 구역 개편(호구를 균배함)으로 분원 2리 주민이 되었다는 기록이 있다. 이 기록에서 분원에 8개 리가 있었고, 흔적을 찾기 어려웠던 1~5리도 실제 있었다는 사실을 확인할 수 있다.

다음 분원에는 서울의 종로시전, 이현(배오게)시장 등 전국 각지의 상인들이 모여들어, 당시로써는 보기 드문 도매상점, 숙박업소, 음식점, 주점 등이 번성하였다고 한다. 그리고 생산과 상거래에 필요한 자금을 마련하기 위하여 월 4~5%에 달하는 높은 이자를 주고 돈을 빌려 썼다는 기록도 있다. 다른 소도시에서는 보기 드문 사채시장이 형성되어 있었음을 알 수 있다.

하나의 예이다. 가나안 농군학교 설립자로 유명한 김용기 장로가 분원마을 강 건너 '봉안'에 살았는데, 큰돈이 필요하여 분원 고리대금업자를 찾아가 담보 없이 신용으로 돈을 빌려왔다는 자전적 글은, 분원 사금융 시장 규모가 생각보다 컸다는 사실을 잘 말해주고 있다.

그리고 상거래과정에서는 물론 일상생활에서 이해관계가 엇갈려 주민 간에 반목이 생겨나고, 상민계층과 양반계층 사이에 갈등이 표출되면서 향촌사회의 아름다운 모습은 점차 사라져갔다. 그 사례 중 하나가 동학농민군이 분원에 들이닥치자 상민 중 일부는 동학에 가입하고, 양반들은 동학농민군에게 피해 보지 않을까 하는 염려에서 선박을 이용하여 한양으로 피난을 하였다. 양반들은 동학의 평등사상과 사회개혁론이 파급되면 향촌사회의 지배질서와 양반의 기득권이 흔들릴 수 있다는 위기감에서 동학교도들에게 배교를 강요하기도 했다.

청일전쟁 때 분원에는 청군이 나타나기도 하고, 총칼로 무장한 많은 일본군이 들이닥치기도 했다. 그 일본군 중 일부는 바로 떠나고, 일부는 남아 분원에서 삼정동(골) 방향으로 전선 가설공사를 했다고 한다. 그 때문인지는 알 수 없지만, 분원마을은 다른 마을에 비하여 전기가 일찍 들어와 신문명의 혜택을 앞서 누리기도 했다.

6·25전쟁 때는 국군과 인민군, 미 24사단 사령부가 한동안 진을 친 일이 있다. 분원은 전략적 요충지가 되어서인지 전쟁으로 인한 인적·물적 피해를 반복하여 입었다. 6·25 전쟁 때 우리 집도 폭격으로 불타 없어졌다. 할 수 없이 남의 집을 빌려 살면서 새로 집을 짓느라고 부모님이 고생을 많이 하였다.

그렇지만 분원마을은 수상교통이 편리하고, 상업이 발달하여 주민 생활은 다른 지방에 비하여 윤택한 편이었고, 신문명도 일찍 받아들이게 된다. 1906년에는 신학문을 가르치기 위한 분원공립보통학교가 지방에서는 드물게 일찍 설립된다. 그런데 이 공립보통학교는 안타깝게도 1911년 양평군

지평으로 이전하게 되고, 그 후 십여 년간은 교회를 중심으로 하여 신학문을 배우게 된다. 다행히 1921년 분원소학교가 다시 문을 연다. 나는 다시 문을 연 분원국민하교 28회(1952년) 졸업생이다. 마을에 보통학교, 여학교, 야학교가 일찍 세워지다 보니 분원은 자연스레 신교육의 메카 역할을 하게 되고 많은 인재를 길러냈다.

크리스트교도 일찍이 받아들여 1898년 경기 남부 지역에서는 처음으로 분원에 감리교회가 세워진다. 이에 앞서 가톨릭의 정하상 바오로(1795년) 성인(聖人)과 정정혜 엘리사벳(1797년) 성녀(聖女)가 분원에서 태어나 종교적으로도 의미있는 지역이 된다.

하재일기에는 내 고향 분원의 도자기 생산과 공급, 서민교육과 경제활동, 변혁기의 반상 갈등 등 생활 전반을 쉽게 이해할 수 있도록 상세히 기술되어 있다. 하재일기를 통하여 분원마을의 역사를 재조명하고, 그 당시 사회상을 바르게 이해할 수 있었던 것은 기록문화의 혜택으로 나에게는 큰 행운이라 할 수 있다.

19세기 말에 3천여 명의 주민이 7백여 가구를 이루고 살았다는 사실에서 분원마을의 역사와 위상을 쉽게 짐작할 수 있다. 이렇듯 유서 깊고 살기 좋은 분원마을은 1973년 팔당댐 건설로 가옥은 헐리고 전답은 수몰되어 쇠락의 길로 접어들고, 분원 사람들은 각자 살길을 찾아 뿔뿔이 흩어졌다. 고향을 등진 그들은 지금도 각기 사는 처소에서 고향 생각으로 마음 아파하고, 눈물짓고 있을지도 모른다. 고향이 옛 모습 그대로 있어도 엄마 품처럼 그리운 법인데, 옛 모습은 오간 데 없고 기억 속에 상상으로만 남아 있으니 안타깝기 그지없다.

(『글의 세계』 2021년 봄호)

4. 개밥지기

드러누워 보는 세상

참을 걸, 베풀 걸, 즐길 걸

하늘을 보라!

개밥지기

배꼽

어처구니 있다

보리 풋바심

나

* 4부의 8편 수필은 한명희 작가가 발간한 책의 제호(題號)를 가지고 발간 순서에 따라 쓴 수필입니다. 이번 제9책 '고향이 뭐길래'라는 제호를 가지고 쓴 수필은 편집 편의상 따로 70쪽에 배치하였습니다.
이 9편의 수필을 통하여 작가의 인생관이나 가치관을 쉽게 살펴볼 수 있습니다.
일독을 권합니다.

드러누워 보는 세상

편안한 자세로 드러누워 세상을 보면 세상이 더 아름답다. 나이가 들면서 드러눕는 일이 잦아지고 드러누우면 편안하다. 흙으로 돌아갈 시간이 얼마 남지 않아 흙과 가까워지고 싶어서인지 요즈음은 아무 데서나 드러눕기를 잘한다. 머리는 그냥 땅에 대고, 두 다리는 30도 정도 벌린 채 쭉 뻗고, 왼손은 왼쪽 가슴 위에 오른손은 오른쪽 가슴 위에 놓고 위로 하늘을 보기도 하고 옆으로 숲을 보기도 한다. 팔베개하면 하늘 보기는 좋은데 옆 보기가 불편하다.

풀밭에 누워 짙푸른 나뭇잎을 쳐다보면 금방이라도 파란빛 방울이 후드득 떨어질 것 같고, 그 사이로 뜨겁게 달아오른 여름 해가 반짝반짝 빛을 발하며 숨바꼭질을 한다. 바람이라도 불면 바람은 음악이 되어 푸른 잎들을 흔들어 놓는다. 그리고 햇빛과 어우러져 찬란한 빛의 향연을 연출한다. 어린 날 물속에 있던 어항을 들어 올릴 때 어항 속의 물고기

비늘과 햇빛이 어우러져 순간적으로 만들어내는 신비스러운 빛을 보는 듯하다.

나만의 환상인지, 모두에게 그렇게 보이는 것인지는 몰라도 푸르른 잎, 음악과 같은 바람, 작렬하는 햇빛이 만들어내는 빛의 조화는 신비롭기 그지없다.

어느 해 가을밤으로 기억된다. 그날도 잔디밭에 편안한 자세로 드러누워 둥근 달과 그 주위를 빠르게 달려가는 구름떼를 보았다(언 듯 보기에는 구름 사이를 달이 쏜살같이 달려가는 모습으로 보인다). 구름이 그렇게 빨리 달려가는 것을 그전에는 본 일이 없는 것 같다. 한 무리의 구름이 여러 형상으로 지나가면 또다시 한 무리의 구름이 흘러간다. 앞의 구름이 전차 대대가 행진하는 것으로 보이는가 하면 뒤따르는 구름은 보병 대대가 분열하는 것 같기도 하다. 나는 변화무쌍한 구름의 모습에서 자연조화의 신비함과 시간의 덧없음을 깨닫기도 했다.

박목월의 '나그네'에 나오는 '구름에 달 가듯이 가는 나그네'라는 시어(詩語)는 내게 터질 듯한 기쁨으로 다가와 시심이 어떤 것인지를 깨우쳐준다. 그런 까닭에 지금도 나는 "나그네"를 즐겨 낭독을 한다, 아니 낭송을 한다.

2001년 8월 2일, 긴 장마가 끝나고 불볕더위가 시작되었다. 그날 서울 기온이 섭씨 34도에 이르렀다고 한다. 나는 친구 Y와 팔현리로 1일 피서를 떠났다. 시원한 계곡물에 발을 담그고 있다가 물이 너무 차갑고 싫증이 나서 평상으로 돌아와 편안한 자세로 누워 위를 바라보았다. 그 순간 나는 내 눈을 의심했다. 내 눈에 들어온 것은 나무의 줄기, 뿌리 그리고 곧 내 머리 위로 떨어질 것만 같은 바윗덩어리였다. 나도 모르게 벌떡 일어나 위를 쳐다보니 참나무와 잡목들이 가파르게 경사진 산비탈에 매달리듯 서 있었다. 다시 드러누워 하늘을 보니, 역시 나무들은 하늘을 향한 것이 아니라 옆으로 드러누워 신기한 모습으로 내게 다가왔다.

서서 보는 모습과 드러누워 보는 모습이 이렇게 다른데, 그 형상을 인식할 수 없는 가치나 사상 같은 것은 보는 이에 따라, 보는 시각에 따라 얼마나 다르게 우리에게 다가올까.

오후 4시경 집으로 돌아오는데 더위가 여전하여 동구릉으로 발길을 돌렸다. 동구릉에 들어서서 곧바로 올라가면 건원릉(태조 이성계의 능) 등 5개의 능에 이르고, 왼쪽으로 다리를 건너 올라가면 원릉(21대 영조 대왕 능) 등 4개의 능에 이르는데 그 사이로 수량이 제법 많은 냇물이 소리 내며 흐르고 있다. 그 냇가에 준비해 가지고 갔던 자리를 폈다.

그런데 갑자기 구름이 까맣게 내려앉고 천둥소리와 함께 빗방울이 떨어져 우리를 당혹스럽게 하였다. 대부분 손님은 서둘러 능 밖으로 나가는데 방금 들어온 우리는 곧바로 되돌아 나가기가 아쉬워 망설임 끝에 조금 기다려보기로 하였다. 조금 기다리자 비도 멈추고 컴컴하던 서쪽 하늘이 서서히 밝아오면서 햇빛까지 났다.

나는 편안한 자세로 깔아놓은 자리에 누웠다. 나뭇잎 사이로 햇빛이 찬란하게 쏟아지고 그 뒤로 꼭 꼬집어 무엇과 같은 형상이라고 설명하기 어려운 두 덩어리의 큰 구름이 아주 천천히 다가왔다. 바람만 좀 불었으면 나뭇잎과 햇빛이 어우러져 만들어내는 아름다운 색의 조화도 볼 수 있었을 터인데…. 아쉬움을 안고 옆으로 고개를 돌린 순간 내 눈에 들어온 것은 강원도 깊은 산골에서나 볼 수 있는 울창한 숲과 정적뿐이었다. 참으로 오랜만에 가져보는 평온함이었다.

결론은 간단하다. 세상을 드러누워서 보면 서서 보는 것보다 훨씬 아름답고 편안하다. 그 이유는 인간이 드러누울 때 자기를 가장 낮출 수 있기 때문인 것 같다. 인간이 자기를 높이 세우고 살든 낮추고 살든 그것은 각자 지닌 가치관에 의한 것이라고 한다면 나는 낮추고 살고 싶다. 자기를 낮추면 낮출수록 세상이 편안하고 아름답게 보이기 때문이다.

한마디로 세상을 서서 보는 것보다 드러누워 보면 그 눈높이가 자연스럽게 낮아져 이 세상이 한결 더 아름답고, 편안하고, 평온해 보인다.

(월간 『좋은 사람』 2001년 11월호)

참을 걸, 베풀 걸, 즐길 걸

내가 최근에 들은 말 중에 과연 그렇구나 하고 마음으로 응원하는 게 참을 걸, 베풀 걸, 즐길 걸이다. 늙어 가면서 살아온 과정을 되돌아보면 아쉬운 것이 한둘이 아니다. 그 가운데서도 별것 아닌 일에 참지 못하고 성을 낸 것, 인색할 정도로 내 것에 집착하여 베풀지 못한 것, 귀중하고 아까운 시간을 쓸데없는 걱정으로 즐겁게 살지 못한 게 후회가 된다.

지난 주말 편수국에서 같이 근무하던 동료들이 부부 동반으로 전북 완주군과 김제시 사이에 있는 모악산을 1박 2일 일정으로 다녀왔다. 우리는 완주군 구이면에 있는 운산방이라는 별장 같은 저택에서 숙박하였는데, 그 집주인은 신문, 텔레비전, 컴퓨터도 없이 세상과 담을 쌓고 사는 듯했다. 집주인 내외는 우리 일행의 편안한 숙박을 위해 집을 비우고 서울로 여행을 떠나고 없었다.

그날 밤, 우리는 관례대로 2~3분씩 돌아가면서 자유발언 시간을 가졌다. B 교장은 다른 사람에게서 들은 이야기라고 하면서, 노년을 평안하고 피곤하지 않게 지내려면 별장, 애인, 좋은 승용차를 갖지 않아야 한다고 했다.

별장은 늙은 사람이 가 있으면 외로움을 더 느끼게 될 뿐만 아니라 관리하기에 피곤하고, 애인은 돈은 돈대로 쓰면서 시달려서 피곤하고, 좋은 차는 혹시나 누가 흠집이라도 내지 않을까 신경이 쓰여 피곤하다는 것이다.

다음에는 B 교장 부인 E 선생의 차례이다. 그는 나이 든, 사람이 늙어 가면서 아쉬워하는 삼 '걸'을 소개하였는데 그것이 바로 참을 걸, 베풀 걸, '즐길 걸이였다. 그 이야기에 공감이 가는지 모두 명언이라고 박수를 쳤다.

나는 살아오면서 대수롭지 않은 일로 다른 사람과 다투고 성을 낸 일이 적지 않다. 그리고 그때마다 참을 걸 하고 후회를 했다. 그리고 내 능력으로는 이루어낼 수 없는 일도 오기로 무조건 덤벼들었다가 좌절하고 상처만 입기도 했다. 또 남을 칭찬하기보다는 흉을 보거나 공연히 미워하고 나서는 내 인격이 고작 이런 것이었나 하고 스스로 부끄러워 얼굴을 붉히기도 했다. 이 모두가 자제력이 부족한 소치이리라.

나는 참을성이 부족할 뿐만 아니라 남을 배려하고 베푸는 일에도 인색한 편이다. 내 성장 과정이 너무 어려워 남을 생각할 여유를 갖지 못한 데서 온 결과인 듯하다. 그러나 나이

들면서 베푸는 기쁨이 어떤 것인가를 어렴풋하게나마 깨닫게 되면서 작은 것이라도 하나둘 남에게 베풀며 살아야겠다고 마음으로나마 다짐을 하고 있다.

인간이 이승에 살면서 스스로 소유했다고 착각하고 있는 재물이나 명예는 물론 우리의 육신까지도 모두 빌린 것이다. 빌린 것은 가지고 갈 수가 없다. 만일 가지고 가려고 욕심을 냈다면 그것은 도둑놈 심보이다. 도둑놈 심보를 가졌다는 소리를 듣지 않기 위해서라도 나누며 살아갈 생각이다.

남에게 베풀 때, 받는 사람의 기쁨이 '하나'라고 하면 주는 사람의 기쁨은 '열'이 넘는다고 한다. 그러니까 베푸는 마음이나 행동은 도움을 받는 사람을 위한 것이기도 하지만 베푸는 사람을 위한 것도 되는 것이다.

굶주리는 사람에게 식량을 보태주는 일은 사람의 도리이며 아름다운 일이다. 그리고 마음이 가난한 사람, 나만 아는 교만한 사람 등, 정에 굶주렸거나 정이 무엇인지 모르는 사람들에게도 사랑을 나누어주어야 한다. 사랑을 주고받는 정 속에서 우리는 삶의 보람을 찾게 되기 때문이다. 그것이 사람과 동물이 다름을 말해주는 것이다.

머지않아 세모가 다가오면 구세군 자선냄비가 거리에 등장할 것이다. 나는 그 종소리를 들으면 마음이 평온해짐을 느낀다. 그것은 마음과 마음을 따듯하게 연결해주는 사랑의 소리이기 때문이다.

또 하나, 생각은 하고 있으면서도 미적거리고 실행에 옮기지 못하고 있는 것이 있다. 바로 장기 기증이다. 저승으로 떠날 때 누구나 육신은 두고 간다. 그리고 매장을 하든 화장하든 흙으로 돌아간다. 따라서 남는 것은 하나도 없다. 어떻게 보면 장기 기증은 죽은 자가 산 자를 돕는 것이 아니라 죽은 자의 육신에 새로운 생명을 잉태시켜 새롭게 삶을 여는 것이라고 할 수도 있다.

바람같이 왔다가 바람같이 가는 것이 인생이라고 하지만 단 한 번 사는 삶이기에 즐겁게 살다 가야한다. 쓸데없는 일로 고민하고 다투면서 고단하게 살 필요가 없다. 삶의 목표를 즐기는데 둔다고 하면 이를 비난하는 사람도 없지 않겠으나 인간에게는 즐겁게 살고 싶은 욕구가 있기 때문이다.

다만 즐기는 방법이 물질적이고, 감각적이고, 퇴폐적일 때 문제가 되는 것이지 건전한 방법으로 즐기며 사는 것은 바람직하다. 그것이 바로 우리가 희구하는 행복이기도 하다. 물질적이고 감각적으로 즐기는 것도 사회 규범에 벗어나지 않는다면 조금도 비난할 일이 아니다.

참고, 베풀고, 즐기며 사는 삶이 말과 같이 쉬운 일은 아니지만, 삶의 방향을 그쪽으로 돌려보자.

참을 인(忍) 자 셋이면 살인도 피할 수 있다는 말이 있듯이 참은 뒤끝은 좋게 마련이고, 어떤 어려움도 끝까지 참아내면 반드시 해결되게 마련이다. 이제는 참을 걸 하고 아쉬움을 남기는 일은 하지 않을 생각이다.

그리고 이제부터는 베푸는 삶을 살아볼 생각이다. 지금껏 많은 사람으로부터 도움만 받고 살아왔는데 그 빚을 갚기 위해서라도 허락하는 범위 안에서 봉사하고 베푸는 삶을 살아갈 것이다. 그렇게 함으로써 마음 가득히 벅차오르는 기쁨을 만나볼 것이다.

흔히들 찰나 같은 인생이라고 삶의 덧없음을 말하지만 짧은 삶이기에 더더욱 즐기며 살아갈 생각이다. 즐겁게 살기 위해서 작은 일에 앙앙불락하지 않고, 늘 감사하는 마음으로 살겠다고 스스로 다짐을 해 본다.

(졸저 『참을 걸 베풀 걸 즐길 걸』 2006년)

하늘을 보라!

하늘을 보라!
삶이 고단하거든
힘차게 솟아오르는 아침 해를 보라
거기
소망이 있고 희망이 있다

하늘을 보라!
그리운 사람이 보고 싶거든
환하게 웃는 보름달을 보라
거기
반가운 얼굴 사랑하는 마음이 있다

하늘을 보라!
쓸쓸하고 외로우면

불타는 저녁노을을 보라
거기
사람 내 나는 동무가 있다

하늘을 보라!
영혼이 안식을 얻고 싶거든
새벽하늘에 반짝이는 샛별을 보라
거기
넋과 얼이 있고 천국 가는 길도 있다.

마음이 답답하고 우울할 때 하늘을 보라. 마음이 조금은 편해질 것이다. 하늘은 넓고 커서 모든 것을 포용하고 감싸기 때문이다.

파란 하늘에는 꿈이 영글고, 희망이 샘솟고, 사랑이 넘쳐난다. 그 파란 하늘을 훨훨 날아라. 힘이 용솟음치고 삶이 무지개처럼 찬란하게 다가올 것이다.

비 내리는 회색 하늘에는 그리움과 외로움이 함께한다. 인생이 너무 쓸쓸하고 허무하다고 생각되거든 하늘을 보고 울어라. 큰 소리로 울어도 좋고 마음에 눈물을 담아 소리 없이 울어도 좋다. 울고 나면 마음이 편안해지고 분노도 서서히 가실 것이다. 네 별, 내 별이 경쟁하듯 반짝이는 밤하늘에는 엄마가 들려주시던 옛날이야기가 있고, 천국에 이르는 길도 있다.

그 크기를 가늠할 수 없는 넓고 넓은 하늘과 인생을 논하여 보아라. 인간의 태어남과 죽음은 기쁨인가, 슬픔인가? 어디서 왔다가 어디로 가는가? 과가, 현재, 미래의 시작은 어디이고 끝은 어디인가?

삶이 힘들고 벅차다고 생각되거든 찬란하게 동터오는 새벽하늘을 보라. 고단하다고 생각되었든 일상이 기쁨으로 다가오고, 생명에 대한 경외감이 감동으로 다가올 것이다.

하늘에는 수없이 많은 곳간이 있고, 우리 마음에는 그 곳간의 열쇠가 있다. 하늘과 우리의 마음은 하나이고 한길로 통한다. 그러니 울고 싶을 때, 기쁠 때, 슬프고 외로울 때, 영혼을 만나보고 싶을 때, 사랑하는 사람이 그리울 때는 하늘을 보라. 휘영청 밝은 보름달을 보라. 거기 기쁨과 넘쳐나는 정(情)이 있다. 그리고 사람 냄새 풍기는 말동무도 있다.

시작도 끝도 없이 변화를 거듭하는 하늘에서 목화송이처럼 하얀 뭉게구름이 만들어지고, 우렛소리가 들려오고, 눈보라가 치기도 한다. 그 하늘이 희(喜), 노(怒), 애(哀), 락(樂), 애(愛), 오(惡), 욕(慾)의 인간 감정을 어루만져주고 달래준다.

하늘은 이외에도 사람의 본성인 인(仁), 의(義), 예(禮), 지

(智)에서 우러나오는 측은(惻隱), 수오(羞惡), 사양(辭讓), 시비(是非)의 네 가지 마음씨를 주어 인간으로 하여금 사람답게 살아가는 길도 열어준다.

그런데 더 중요한 것은 하늘이 생명을 주기도 하고 거두어들이기도 한다는 사실이다. 또 인연이 닿으면 만나게 하고 인연이 다하면 헤어지게 한다. 그 인연 때문에 인간은 웃기도 하고 울기도 한다. 한마디로 생(生) 과 사(死)는 물론 부모와 자식, 부부, 친구, 연인으로 만나고 헤어지는 것도 모두가 하늘의 뜻이 된다. 받아들일 수밖에….

광야에 하나의 촛불이 있다고 하자. 그 촛불의 생명줄은 누가 쥐고 있을까? 그 주인은 촛불을 스쳐 지나가는 바람이다. 바람은 촛불이 타오를 수 있도록 공기를 나르고, 촛불을 일렁이게 하여 아름다움을 더 하기도 하지만 성이 나면 단숨에 촛불을 앗아간다. 그러고는 아무런 흔적도 남기지 않고 사라진다. 인간의 생명도 촛불의 신세와 다르지 않다.

달은 제 자리에 머물고 구름이 흘러가는데 우리는 '구름에 달 가듯 한다.'라고 한다. 또 해가 뜨고 진다고 하는데, 정말로 지구는 제 자리에 있고 해가 빙빙 도는 것은 아닐까?

시간은 그 시작과 끝을 알 수가 없다. 그래서 '시간'은 언제나 제 자리에 있다고 주장하는 사람도 있다. 그렇지만 많은 사람은 시간이 빨리 흘러간다고 원망을 하기도 한다. 누구의 생각이 옳을까? 이렇게 혼란스러울 때도 하늘에 물어보아라. 어느 것이 참이고 거짓인가를.

하늘을 보라! 기쁠 때나 슬플 때, 외롭고 힘들 때 하늘을 보라! 하늘에는 희망이 있고, 너그러움과 평화가 있고, 사랑과 기쁨이 넘쳐나고 있다. 그리고 영혼의 쉼터가 있다.

(졸저 『하늘을 보라』 2009년)

개밥지기

대학 동창들이 두 달에 한 번씩 정기적으로 만나고 있다. 지난 6월 모임에는 경북 안동에 사는 K가 모처럼 참석을 하였다. 서울 딸네 집에 머무는 마나님께서 급히 왔다 가라는 명령이 있어 올라왔다가 짬 내어 들렀다고 한다. 모두 오랜만에 나타난 그를 반기면서, 어떻게 지내느냐고 근황을 물었다.

'잘 지내고 있어, 요새는 개밥지기 하느라고 바빠.' 그는 경상도 특유의 억양으로 대답하였다. 그 말과 제스처가 투박하면서도 재미있어 우리는 함께 웃음을 터뜨렸다. '개밥지기'가 무어냐고 물었더니, 그가 '등대를 밝히고 지키는 사람을 보고는 무엇이라 하느냐?'고 되물었다. 누군가가 '등대지기' 하고 대답을 하니, 그러면 개밥을 주고 지키는 사람은 무엇이라 불러야 하느냐고 다시 물어왔다. 우리는 이구동성으로 '개밥지기' 라고 대답하고, 한바탕 웃음꽃을 피웠다.

마나님이 딸네 집에 얼마간 머물 일이 생겨 서울에 올라오면서 그는 '개밥지기'가 되었다. 매일 저녁나절 마나님이 전화를 걸어오긴 하는데, 끼니는 잘 챙겨 먹고 있느냐는 인사 한마디 없이, 허구한 날 똑같이 '개밥은 주었지요?' 묻고는 전화를 끊는다고 한다. 그러면서 개밥지기 신세가 되어보지 못한 자네들은 내 심정을 모를 것이라고 엄살을 떨었다.

나이 들어가면서 노인들 사이에 오고 가는 우울한 농담이 하나 있다. 그것은 '마누라가 곰국을 끓이지 않도록 평소에 잘하라.'라는 것이다. 고령화 사회가 되면서 남자 노인들은 집에 머무는 시간이 늘어나는데, 반대로 여자들은 딸네 집에 손자 보러 간다, 봉사활동을 간다, 여행 간다고 집을 비우는 횟수와 시간이 늘어나고 있다.

이렇게 여자들이 집을 비울 때, 남자들이 찬 걱정 없이 며칠간 끼니를 해결할 수 있도록 하려고 곰국을 끓여 놓는다고 한다. 그러니까 아내가 곰국을 끓이면 며칠간 집을 비우겠다는 의사 표시로 받아들여야 한다는 것이다. 그런데 이 과정에서 부부갈등이 노출된다.

인터넷에 떠도는 이상한 이야기가 있다. 그것은 아내가 집을 비울 때, 남편에게 '까불지 마.'라는 메모를 남긴다는 것이다. 그것은 '가스 확인 잘하고, 불조심하고, 지퍼 함부로 내리지 말고, 마누라에게 전화하지 말라.'라는 글의 첫 자를 모은 것이란다. 웃자고 만들어낸 말이겠지만 세태의 한 단면을 보는 듯하여 마음이 씁쓸해진다.

그동안은 이러저러한 부부간의 갈등을 가부장적(家父長的) 권위로 봉합하여왔다. 그러나 시간이 흐르면서 가부장적 권위는 자연스레 무너지고 부부간 대등한 관계가 형성되면서, 아니 역전되면서 그 갈등이 늘어나는 추세에 있다.

이러한 갈등이 원인이 되었는지 최근에는 황혼이혼이 급격하게 늘어나고 있다. 2010년, 65세 이상 노부부의 이혼 건수가 1,734건에 이른다고 한다. 이것은 외부로 드러난 수치에 불과하고, 내부적으로 이혼 상태에 있거나 별거 중인 부부가 그 수를 가늠하기조차 어려울 정도로 많다고 한다. 고령화 사회가 가져온 새로운 사회 병리 현상이다. 어떤 방법으로 든 이에 대처할 방안이 강구되어야 한다. 그래야 이 사회가 건강한 사회로 거듭날 수 있을 것이다. 하지만 뾰족한 대안을 찾을 수 없어 걱정이 크다.

2011년, 한국보건사회연구원과 사회통합위원회가 성인 남녀 3000명을 대상으로 조사하였더니, 여성의 71.8 퍼센트가, 남성의 66.4 퍼센트가 평균 수명 연장으로 여성이 남편을 돌보는 기간이 길어져 부부갈등이 더 늘어날 것이라고 대답을 했다고 한다.

인간 수명이 늘어나는 것은 축하할 일이다. 그렇지만 건강하게 살다가 편안하게 죽어야지, 건강을 잃고 아내나 자손들에게 고통을 안겨주게 되면 환자 자신은 물론 가족 모두가 불행의 늪에 빠져들게 된다. 그래서 옛날부터 제 명대로 살다가 편안히 죽는 고종명(考終命)을 오복의 하나로 친다.

우리는 '개밥지기' 친구에게 개밥지기 역할에 감사하라, 개밥지기라고 엄살떨 필요는 없다. 더더구나 밥은 제대로 챙겨 먹고 있느냐는 인사를 받지 못한다고 해서 서운해하지 마라. 그것은 행복에 겨운 투정이고 쓸데없는 넋두리라고 조언하였다. 그리고 행복한 노년을 위해서는 건강이 제일이니 건강만은 꼭 챙기라고 부탁을 하였다. 건강해야 아내나 자식들로부터 보살핌을 받지, 건강을 잃고 자리에 눕게 되면 누구나 천덕꾸러기 신세가 되기 때문이다.

그날 시간 가는 줄 모르고 유쾌하게 떠들어댔지만, 순간순간 마음 한구석에는 허허로움과 자조(自嘲)에 찬 서글픈 미소가 잔물결을 이루며 스쳐 지나갔다.

개밥지기의 건강과 행운을 빌면서…. 여유로운 노년·행복한 가정·명랑한 사회를 꿈꾸어 본다.

(월간 『문학저널』 2012년 8월호)

배꼽

할아버지의 할아버지
고조부가 계셨지요
고조할아버지에게는
어머니가 계셨고요
그 조상님의 뼈와 살을 받아
울며 이 세상에 왔습니다

어떻게 왔냐고요
탯줄을 타고, 탯줄을 끊고
배꼽으로 왔지요
창조주 하나님이
흙으로 빚어냈다는 아담과 하와
아마도 배꼽이 없을 것입니다

배꼽이 배꼽을 맞대고
삼신할머니의 도움을 받아
인류 역사를 창조하고 있지요
배꼽이 증인이고 주인공인 셈 이지요
배꼽은 다시 배꼽을 만들면서
세상 문 닫는 날까지 면면이 이어갑니다

시작과 끝을 모르는 영겁의 시간
배꼽이 열고 닫지요
몸 한가운데
배꼽 한가운데
어머니의 산통이 그려집니다
푸석한 어머니의 얼굴이 어른거립니다.

오늘은 일흔두 번째 맞는 내 생일날이다. 자식들은 직장 출근을 이유로 지난 토요일 미리 다녀갔기 때문에 아내와 단둘이 아침 식사를 하였다. 아내는 거실에서 연속극을 보고, 나는 신문을 마저 보기 위해 서재로 들어왔다.

서재에는 돌아가신 아버지와 어머니의 사진이 나란히 걸려있다. 평소에는 무심히 보아왔었는데 오늘은 어머니의 사진이 이상하리만큼 크게 다가왔다. 사실 생일날은 생일을 맞이한 당사자보다는 그 어머니가 축하를 받고 위로를 받아야 한다. 그런데 나는 생일날 축하받는 것만을 생각하였지 낳아주고 길러주신 어머니의 고생은 잊고 지내왔다.

늦게 철이 들었는지 칠십을 넘기고부터는 생일날이면 어머니가 그립고 생각이 난다. 어머니 뱃속에서 열 달을 같이 살다가 어머니가 내려준 생명줄, 탯줄을 타고 태어났으면서도 혼자의 힘으로 이 세상에 온 것처럼 착각 속에 살아가고 있다.

인간이 느낄 수 있는 극심한 고통이 세 가지 있는데 첫째가 사지 절단이고, 둘째가 산통이고, 셋째가 치통이라는 글을 읽은 적이 있다. 아이를 낳을 때 겪는 진통이 사지를 절단하는 고통 다음이라니, 산통의 아픔이 얼마나 극심하고 큰 것인가를 잘 말해주고 있다.

그 큰 고통을 감내하며 내게 새 생명을 주신 어머니는 지금 이 세상에 아니 계시다. 그래서 생일날이면 산소에 계신 어머니를 찾아뵙겠다고 다짐을 하면서도 정성이 부족하여 실천으로 옮기지 못하고 있다. 굳이 변명하자면 내 생일이 팔월 초이틀이라 두 주 후면 추석 성묘 가고, 추석이 지나면 곧바로 어머니 기일이 다가와 다시 찾아뵐 기회가 생기기 때문이었다. 하지만 내년부터는 중복이 되더라도 생일날에 꼭 어머니를 찾아뵐 생각이다.

어머니 사진을 올려다보면서 내가 이 세상에 태어나는 장면을 혼자 그려본다. 그리고 지금은 아무 기능도 못 하고 있지만, 생명의 시작점이고, 어머니와의 연결 고리인 배꼽을 쓰다듬어본다. 바다보다 넓고, 산보다 높은 사랑의 흔적을….

그 유형의 흔적, 배꼽은 인류 역사를 면면히 이어 오고 이어가고 있다. 그러면서 우리에게 하늘이 맺어준 혈연과 조상이 있음을 증명하여 주고 있다. 배꼽이 배꼽을 만들면서 역사를, 영겁의 시간을 만들어가고 있다.

이렇게 배꼽에서 배꼽으로 면면히 이어져 오는 인류의 역사 속에 풀리지 않는 수수께끼가 하나 있다. 그것은 하나님이 태초에 만들었다는 아담과 하와에게는 배꼽이 있을까? 없을까? 하는 의문이다.

내가 배꼽의 의미를 누누이 설명하는 것은 새 생명의 탄생과 어머니의 고통을 생각해보고 그 은혜에 감사하는 마음을 가져보자는 소박한 뜻에서이다.

부모님 은혜에 감사하는 마음을 가져보라, 마음이 편안해지고 행복해질 것이다.

우리는 흔히 배꼽을 웃음과 기쁨에 비유하고 있다. '배꼽을 잡고 웃는다.' '배꼽을 빼고 웃는다.' 등 웃음을 이야기할 때 배꼽과 연관시키는 경우가 많다. 아마도 그것은 배꼽이 새 생명의 탄생을 의미하고, 새 생명의 탄생은 기쁨을 의미하고, 기쁨은 즐거운 웃음을 가져오기 때문인 것 같다.

바둑판 중앙에 천원점(天元點), 배꼽점이 있다. 이때 천원(天元)은 배꼽을 의미한다. 그런데 천원의 사전적 의미는 '하늘의 근원' '천지를 운행하는 중심'으로 되어있다. 그렇다면 배꼽도 '하늘의 근원'이 되고, '천지를 운행하는 중심'이 된다.

바꾸어 말하면 배꼽은 인간 생명체의 근원이 되고, 인류 역사를 이어가는 중심이 되는 것이다. 그런데 이렇듯 중요한 인간의 정신적, 생물학적 유산을 웃음거리의 대상으로 삼는 경우가 간혹 있는데 이는 잘못된 것이다. 웃음이나 기쁨의 대상으로 비유하는 것은 좋으나 '웃음거리'로 비하해서는 아니 된다.

옛날에는 여자가 속살을 드러내면 큰 수치로 알았다. 그런데 지금은 부끄럼도 모르고 오히려 속살을 스스로 드러내고 있다. 속살 중의 속살인 배꼽에다 구멍을 뚫고 거기에다 액세서리까지 달고 배꼽을 환히 드러낸 채 거리를 활보하는 사람도 있다. 나는 그런 사람을 보면 이유 여하를 막론하고 경멸하게 된다.

별것이 아니라고 웃어넘길 수도 있는 일이지만 배꼽에 액세서리를 달다 보면 세균감염이나 복막염 같은 부작용으로 고생을 할 수도 있다. 그리고 배꼽을 내놓고 살다 보면 몸이 냉하여져 소화도 안 되고 설사를 하기도 한다. 그리고 이 냉증은 큰 병의 원인이 될 수도 있다.

조물주가 생명과 사랑의 흔적으로 남겨 놓은 배꼽, 그 배꼽을 통하여 부모님, 특히 어머님께 감사하는 마음을 가져보자. 그리하면 이 세상이 한결 밝아지고 따듯하게 다가올 것이다.

(졸저 『어처구니 있다』 2015년)

어처구니 있다

국어사전을 보면 '어처구니'의 뜻이 '상상 밖의 엄청나게 큰 사람이나 물건'으로 되어있다. 그런데 이 좋은 말이 독립하여 쓰이지 못하고 '없다'와 연결되어 '일이 너무 엄청나거나 뜻밖이어서 기가 막힌다.'라는 뜻으로 자주 쓰이고 있다. '어처구니없다'와 달리 '어처구니 있다.'라는 말은 이상하게도 사용되지 않고 있다.

'어처구니' 어원을 살펴보면 검증되지 않은 여러 설(說)이 있다. 그중의 하나가 곡식 등을 갈아 음식을 만들 때 쓰는 맷돌의 손잡이라는 주장이다. 콩을 갈아 두부를 만들려고 콩을 불려놓았는데, 맷돌에 손잡이가 없다면 얼마나 황당할까, 이때 우리는 작은 나무막대 '어처구니'의 중요성을 새삼스레 깨닫게 된다.

어처구니가 없는 맷돌은 무용지물 아닌가, 그래서 나는 어처구니의 어원으로서 '맷돌의 손잡이'를 일컫는 설에 동조하고 있다. 생물체와 같이 살아 움직이는 우리 사회도 마찬가지이다. 사회 곳곳에서 맷돌의 손잡이처럼 맡은 바 일을 묵묵히 수행하고 있는 어처구니, 그들이 있기에 우리 사회는 면면히 그 맥을 이어갈 수 있는 것이다.

얼마 전 나는 성심을 다하여 주어진 업무를 성취하는 어처구니를 만나 기쁨을 맛본 일이 있다. 3월 6일, 숙부가 돌아가셔서 아내와 함께 이대목동병원 장례예식장을 다녀왔다. 평내동 집으로 돌아오기 위해서는 용산역에서 춘천으로 가는 ITX-청춘 열차를 타야 한다. 막차 출발시각이 밤 열 시인데, 장례예식장에서 우물쭈물하다 보니 이미 아홉 시가 지나고 있었다.

서둘러 용산역에 도착하니 열 시가 다되었다. 허둥지둥 표를 사려 하다가 실수를 하고 말았다. 어른 표 2매를 6천 원에 구매하기 위하여 기계가 지시하는 대로 버튼을 눌렀다, 그런데 이상한 글자가 뜨면서 표가 나오지 않는다. 나이 든 사람이 허둥대는 것이 안 되어 보였든지, 뒤에 서 있던 한 아주머니가 옆의 기계를 사용해보라고 일러준다. 옆의 기계로 가니 마침 도우미 한 사람이 다가오고 있어 그에게 부탁하였다. 그는 나에게 경로죠. 하고는 경로 표 2매를 사천 이 백 원에 사 주었다.

집으로 돌아오는 열차에 앉아 한숨을 돌리고 있는데, 휴대전화에 문자메시지가 왔다는 신호음이 울렸다. 열어보니 '3

월 6일, 21시 51분, 일시금 4,200원, 한국철도공사'라고 문자가 떴다. 그런데 다시 문자메시지 도착 신호음이 울려 열어보니 이번에는 '3월 6일, 21시 51분, 일시금 6,000원, 한국철도공사'라는 문자가 떴다. 그러니까 내가 앞서 구매하려고 했던 표값도 내라는 것이다. 나의 실수로 요금을 두 번 내게 생긴 것이다.

평내역에 내리니 열 시 사십 분을 지나고 있었다. 늦은 시간이지만 혹시나 하는 생각에서 역 사무실을 찾았다. 사무실에는 여자 역무원이 혼자 근무 중이었다. 미안하다는 표정을 지으며 자초지종을 설명하였더니, 내가 소지한 표 두 장(4,200원)을 달라고 한다. 그러고는 처음 구매했다는 표 두 장(6,000원) 값은 취소되었을 수도 있으니 3월 카드이용명세서를 받아보고, 이중 지불이 되었으면 4,200원은 환급해주겠다고 한다. 내가 저지른 실수를 탓하지 않고 웃음으로 대하여주는 그 마음이 정말 고마웠다.

3월분 카드 이용명세서가 나와 살펴보니 3월 6일 자에 4,200원과 6,000원이 함께 청구되어 있었다. 그 명세서를 가지고 3월 25일 오전 8시를 조금 넘긴 이른 시간에 평내역 사무실을 다시 찾았다. 사무실에 들어서니 다행스럽게도 그때 그 여직원이 있었다. 내가 가지고 간 명세서를 한참 들여다보더니, 처음 반환해주겠다던 4,200원이 아니라 6,000원을 돌려준다. 나는 젊은 역무원에게 '고마워요.' 하고 감사의 인사를 하였다. 그 역무원이 바로 이 사회의 버팀목 구실을 하는 어처구니가 아닐까, 역무실을 나서는 나의 발걸음은 날아갈 듯 가뿐 하였다.

고객의 실수로 인한 일인 데다가, 용산역에서 일어난 일이니 우리 역에서는 처리할 수 없다고 하면 쉽게 끝낼 수 있는 일인데, 신경을 써서 기분 좋게 일을 마무리하여주니 정말 고마웠다. 그 젊은 어처구니에게 마음속으로 힘찬 격려의 박수를 보낸다.

육천 원, 많은 돈은 아니다. 그러나 그날의 육천 원은 나에게 있어서는 육만 원, 아니 그보다 더 값진 것이었다. 그때의 상쾌한 기분은 지금도 잊히지 않는다. 아마도 그 역무원은 공무 담임자로서 마땅히 해야 할 일을 했을 뿐이라고 겸양의 말을 할지도 모른다.

흔히들 어처구니없다고 자조적인 말들을 하는데, 예상외로 곳곳에 많은 어처구니가 있다. 묵묵히 맡은 바 일을 성실하게 수행하고 있는 어처구니들, 그들이 있어 우리는 행복하고, 희망을 품고 살아갈 수 있다. 작은 미덕이라 하더라도 들추어내어 격려하고 칭찬을 하면 자연스레 어처구니는 늘어나고, 우리 사회는 그만큼 밝아질 것이다.

(월간 『문학저널』 2015년 5월호)

보리 풋바심

춘원(春園) 이광수의 수필집 '돌베개'에는 그가 남양주 광동중학교 국어교사로 근무할 때, 봉선사에 머물며 쓴 '산에서'라는 글이 있다. 춘원은 돌베개 서문(序文)에서 "산에서는 내가 봉선사에 들어가 있는 동안의 일기"라고 적고, "내 업장을 다 떼어 버리고 한낱 깨끗한 수도자가 되어보려 하였다."라고 소회를 밝히고 있다. 그는 해방 후 혼란스러운 상황에서 복잡한 심경을 추스르기 위해 수도자가 되겠다는 생각을 한 번쯤 해 보았을지도 모른다.

그 산중일기 중, 나를 옛 추억에 젖어 들게 하고, 어려웠던 시절의 아픔을 생각나게 한 것이 9월 10일(화요일) 일기다.

날이 맑다. 가위라서 휴학, 아침 예불, 좌선, 송경.

검다니라는 동네에 풍 씨 집을 찾다. 양철 조각 하나도 아니 섞인 농촌이다. 마당에는 풋바심이 널리고 대추나무에는 풋대추가 번쩍거리고 있다. 사람들은 절사 음복으로 낯이 붉다. 송편과 신청주 대접을 받았다.

돌아오는 길에 개울에서 목욕하면서….

짧은 글이지만 농촌풍경을 서정적으로 잘 담아내고 있다. 글을 읽으면서 나는 어릴 적 농촌 정경이 떠올라 잠시이지만 감회에 젖기도 했다. 절사음복(節祀飮福), 송편, 신청주(햇곡식으로 새로 빚은 맑은 술)에서는 추석의 여유와 즐거움이, 풋바심에서는 늦은 봄 초근목피(草根木皮)로 연명해온 옛 농촌의 어려움이 저절로 떠올랐다. 물론 이 글에서 마당에 널린 것은 보리가 아니라 벼이다. 하지만 나는 풋바심하면 보릿고개에 물 한 바가지로 배고픔을 달래고, 멀건 산나물 죽으로 끼니를 때우던 때의 보리 풋바심이 떠오른다. 시간이 많이 흘렀기 때문인지 그 아픔마저 이제는 아름다운 추억으로 되살아나고 있다.

요즈음 사람들은 풋바심이라는 말 자체를 알지 못한다. 물론 끼니를 잇기 위하여 풋바심한 사실과 그 아픔도 모른다. 나와 동년배 노인이라 하더라도 도시에서 자랐거나 농촌의 부유한 가정에서 자란 사람은 풋바심을 모른다. 보릿고개는 배워 아는데 풋바심이란 말은 들어보지 못했다고 한다. 우리 조상들이 태산준령보다도 높다는 보릿고개에 굶어 죽지 않고 살아남을 수 있었던 것은 풋바심이나 산나물 같은 구황식물이 있었기에 가능한 일이었다.

풋바심은 벼, 보리, 조 등 곡식이 채 여물기 전에 베어다가 바심(타작)하여 식량을 거두는 것이다. 벼 풋바심은 요기하는데 주목적이 있었지만, 차례를 지낼 때 햇곡식을 제물로 올려야 한다는 제사 예절에서 풋바심이 이루어지기도 했다. 이에 비해 보리 풋바심한 묵은 곡식은 다 떨어지고, 햇보리가 익기에는 아직 이른 5월 말에서 6월 초, 보릿고개를 굶지 않고 넘겨야 하는 절박한 상황에서 이루어지기 때문에 그 아픔이 더 컸다.

보리타작은 6월 말경 보리가 누렇게 익을 때 하는 것이 순리이다. 그래야 알곡도 제대로 여물고 싸라기도 적게 나와 많은 양을 수확할 수 있다. 그렇지만 보리가 익을 때까지 끼니를 이을 식량이 없는데 어찌하겠는가, 누런빛이 제대로 돌기도 전에 풋보리를 베어다가 손으로 훑거나, 발이나 방망이로 부수어 얻어진 겉보리를 큰 가마솥에 찌거나 볶아낸다. 그리고 다시 절구에 찧는다. 그렇게 얻어진 보리쌀로 밥을 짓기도 하고, 나물과 섞어 죽을 쑤기도 하고, 싸라기를 기울과 섞어 보리 개떡으로 만들어 먹기도 한다.

이렇듯 호구지책으로 이루어진 풋바심은 6·25 전쟁 후까지 대부분의 농촌에서 이루어졌다. 그 풋바심이 있었기에 가난한 농민들이 힘든 보릿고개를 넘을 수 있었지만, 누구라도 기억하기 싫은 아픔이었다.

그렇지만 가난했던 시절 풋바심의 아픈 기억을 반면교사로 삼아 다시 한번 새로운 도약을 꿈꾸어야 한다. 그리고 풋바심을 보존해야 할 민속 문화로, 아름다운 추억으로 간직해 나아가야 할 것이다.

나는 어려서, 힘든 농사일로 손발에 굳은살이 박이고 시골티가 나는 부모님을 부끄럽게 생각한 때가 있었다. 물론 성장한 후에는 그런 생각을 한 번도 해 본 일이 없다. 오히려 어려움을 극복하고 자식들을 바르게 키워내신 부모님이 자랑스럽고 고마워, 그 고마움을 글로 남기기도 했다.

가난 속에서 배곯아 가며 힘들게 살아온 삶이지만 지금 되돌아보아도 부끄러움은 없다. 그 가난과 아픔이 있었기에 더 성숙할 수 있었고, 오늘의 풍요를 더 값지게 받아들이고 있다.

다산 정약용의 '다북쑥을 캐다'라는 시의 일부이다. 이 시에서 보듯이 우리 조상들은 참으로 어렵게 살아왔다.

…… / 다북쑥 캐어 무얼 하나 / 눈물만 쏟아지네 / 쌀독엔 쌀 한 톨 없고 / 들에도 풀싹 하나 없네 / 다북쑥 캐어다가 / 둥글게 넓적하게 / 말리고 또 말려서 / 데치고 소금 절여 / 죽 쑤어 먹을

밖엔 / 달리 또 무얼 하리

살갗을 파고드는 풋보리의 가시랭이, 풋보리를 쪄내는 가마솥의 열기, 땀으로 범벅이 된 몸, 맛이라고 찾아볼 수 없는 보리 나물죽, 보리 개떡 등 가난하고 암울했던 시절의 아픈 기억이 이제는 아련히 떠오르는 아름다운 추억이 되어 나를 행복의 동산으로 불러내고 있다.

(월간 『문학저널』 2017년 6월호)

나

거울 속에
뚱뚱하고 꾸부정한 노인이 서 있다
세상에서 가장 존귀한 나(我)라고 한다
그 노인이 정말 나일까

몸과 마음
그때그때 수시로 변하는데
어느 시점의 내가
나의 참 모습일까
시간이 흐르면 변하고 또 변할 터인데 …

누가 영혼을 본 일이 있는가
눈에 보이는 육체도 수시로 변하여
나를 찾지 못하는데

형체도 없는 영혼 속에서
나를 어떻게 찾아낼까

나!
나는 누구인가?
나는 어디에 있는가?
나를 찾아 오늘도 헤매고 있다.

거울에 비친 '나', 뚱뚱하고 꾸부정하여 볼품없는 그 사람이 정말 '나'이고, '나'의 참모습일까? 세계에는 70억에 이르는 '나'라는 존재가 각기 다른 모습으로 살아가고 있다.

'나'라는 존재는 몸과 마음이 하나가 될 때, 생명을 가진 유기체가 된다. 그 유기체의 존재를 확인하기 위해 몸과 마음을 분리하여 생각해보자. 그때, 몸은 독립적으로 존재한다는 사실을 쉽게 깨닫게 된다. 하지만 영혼, 정신을 담고 있는 마음은 그 존재를 인정하면서도 그 실체에 대하여는 의견이 분분하다.

나의 키는 178cm, 몸무게는 88kg이다. 그리고 두 다리와 팔, 두 눈과 귀, 하나의 코와 입을 가지고 있다. 마음에는 인의예지(仁義禮智)에서 우러나는 측은지심, 수오지심, 사양지심, 시비지심 등의 마음씨가 있고, 기쁨, 분노, 사랑, 즐거움, 슬픔, 미움과 증오, 두려움, 욕심 등의 감정을 품고 있다.

세계에는 모래알보다도 많다는 70억 인구가 유아독존의 존재로 살아가고 있다. '나' 자신만을 특별한 존재로 인식하고 살아가는 사람들, 남과 다른 특별한 존재로서의 '나'라는 관념 때문에 언제나 '나'를 앞세우고, 나에게 이익이 되면 선(善)이고, 나에게 손해가 되면 악(惡)으로 생각한다. 나에 대한 집착이 나를 불행의 늪으로 빠져들게 한다는 사실도 모르고….

나는 어디서 와서 어디로 가는가? 나는 누구인가? 나는 어디에 있는가? 나의 참모습은, 본질은 무엇인가? '나'를 잃어버리고 바람 부는 대로, 물결치는 대로 흘러가고 있지는 않은가? 나에 대한 지나친 집착도 문제이지만 나의 정체성이나 본질에 대한 성찰 없이 기계의 부속품처럼, 다람쥐 쳇바퀴 돌 듯 주견 없이 살아가는 것도 문제이다.

나의 몸은 시간의 흐름에 따라 변하여 왔고 마음도 그때그때 변하여 왔다. 그렇다면 어느 때 모습이 나의 참모습일까? 이 순간이 지나면 또 변할 터인데….

김 교장의 선친께서는 일제 때 의병대장으로 크게 활약을 하셨다. 그러다가 왜경에 잡혀 중형을 선고받게 되고, 그 후에 심경의 변화로 일제에 협력한다.

그런데 김 교장이, 독립운동을 하다가 체포되어 중형선고를 받고 어쩔 수 없이 변절한 경우, 심사를 통하여 공적이 뛰어난 사람은 독립유공자로 인정한다는 소식을 접하게 된다. 그는 선친이 의병대장으로 활동할 당시의 신문기사, 국사편찬위원회 사료 등 관련 자료를 증거로 제출하여 독립유공자 가족이 되었다. 선친의 명예를 되찾아 드리고 기뻐하던 김 교장의 모습이 지금도 눈에 선하다.

김 교장의 선친은 한 사람인데 변절자가 되기도 했고, 애국지사가 되기도 하였다. 시간의 흐름에 따라, 때에 따라 사람에 대한 평가는 얼마든지 달라질 수 있다. 그의 선친은 아들의 노력으로 다행스럽게도 참모습을 되찾은 것이다.

내가 성형수술로 얼굴을 바꾸고, 뼈를 이식하여 골격을 바꾸고, 이식 수술로 심장을 바꾸고, 피부 조직을 크게 바꾸어도 그 사람이 나일까?

미국 애리조나 주립대학 심리학 교수인 게리 슈왈츠는, 사람은 장기(臟器)에 따라 행동 양식이 변한다고 하였다. 미술가의 심장을 이식받은 환자가 갑자기 그림에 재능을 보이기도 하고, 자살자의 심장을 이식받은 환자가 훗날 자살자와 똑같은 방법으로 자살했다고 하면서 '세포 기억설'을 주장했다.

컴퓨터 기록을 삭제하여도 다시 복원할 수 있는 것처럼, 태어나기 이전의 기억이나 잊었다고 생각하는 과거의 기억까지도 모두 세포에 새겨져 있어, 장기를 이식하면 생활습관, 식성, 관심 분야 등 사람의 특성을 결정짓는 요인들이 그대로 전이될 수 있다는 것이다.

만약 과학의 발달로 뇌 이식이 가능하다고 가정해보자. 뇌까지 즉 마음마저 바꾸었다고 할 때, 그 사람은 누구일까? 뇌를 기증한 사람일까? 뇌를 이식받은 사람일까?

어떤 사람은 '나'를 결정짓는 마음이라는 것은 독립적으로 존재하지 못하고 각자의 몸에 기생한다고 주장을 한다. 따라서 인간의 마음은 몸과 같이 언제든지 변할 수 있다는 것이다. 이때 나를 어떻게 정의할 수 있을까, 몸도 마음도 늘 변하고 있는데 어느 시점의 내가 참 '나'일까.

'나'의 참모습이나 본질을 정확히 알 수 없지만, '한명희'로 불리는 나라는 존재는 분명히 있는데, 막상 참모습이나 본질을 규명하고 정의하려고 하면 '나'는 어디에도 없다.

나의 본질은 무엇인가? 어디서 왔다가 어디로 가는가? 언제, 어떤 모습으로 이 세상을 떠나게 될까? 거울에 비친 나는 참 '나'일까? 답답하게도 이러한 외침은 대답 없는 메아리가 되어 허공을 맴돈다.

(월간 『문학저널』 2014년 2월호)

5. 다시 서 보고 싶은 교단

조는 학생, 자는 학생

무너지는 교권, 흔들리는 학교

매를 맞겠다고 합니다

십자인대 파열 사건

선생님, 정년퇴임 하셔야죠

다시 서 보고 싶은 교단(敎壇)

조는 학생, 자는 학생

나는 오늘 직원회의에서, 조는 학생은 어쩔 수 없지만 자는 학생은 안 된다고 하였다. 요즈음 교실에서는 예전에 볼 수 없었던 진풍경이 벌어지고 있다. 선생님은 무엇인가를 열심히 가르치고 있는데, 학생들은 팔로 책상을 덮고 편안하게 잠을 자고 있다. 그것도 하나둘이 아니고, 부끄러워 밝힐 수 없을 정도로 많은 학생이 말이다. 나는 그동안 교실을 돌아보면서 조는 학생은 가끔 보아왔지만, 그렇게 편안하게 잠을 자는 학생은 본 기억이 없다. 교실이 왜 이렇게 되었을까?

요즈음은 교실을 돌아보기가 겁이 난다. 잠자는 학생에게, 무엇인가를 가르치겠다고 목청을 높이는 선생님을 마주 대하기도 겁이 나고, 자는 학생을 놓고 목청만 높이는 선생님의 태도에 짜증도 나고, 듣지도 않는 학생들에게 녹음기 돌아가듯, 반복하여 외쳐대는 선생님들이 공연히 불쌍하기도 하고, 그러한 선생님들을 비웃듯이 떼 지어 잠을 자는 학생들이 괘씸

하기도 하고 화병이 날 것 같아 교실을 돌아보기가 겁이 난다.

밤새워 공부하느라고 고단하여 깜박깜박 조는 학생을 보면 안쓰럽기는 하나 정감이 간다. 물론 예전 같으면 학생이 공부 시간에 조는 것도 야단맞아야 할 일이지만, 지금은 자는 학생들이 많다 보니 조는 학생은 눈감아 줄 만하다. 조는 학생은 그래도 예쁘다는 한심한 발상은 관용의 미덕 때문일까? 체념의 산물일까? 도대체 어느 나라 교실이 이와 같을 수 있을까?

선생님에게 해결책을 물으니, 뾰족한 대안이 없다고 한다. 교과 담임은 학급 담임이 무섭게 야단쳐야 한다고 하고, 학급 담임은 교과 담임이 그때그때 엄하게 지도해야 한다고 한다. 어떤 선생님은 자는 학생을 깨웠더니, 다른 선생님은 안 그러는데, 왜 유난스럽게 선생님만 그러냐고 하면서 두 눈을 똑바로 뜨고 쳐다보는 데 섬쩍지근하더라고 하면서, 그 후에는 잠자는 학생을 그대로 두고 모른 척하고 지낸다고 했다.

며칠 전, 교장들 모임이 있어 참석했다가 몇몇 교장이 남아 뒤풀이로 소주 한 잔씩을 나눈 일이 있다. 그때 나는 슬며시, 고등학교에 와보니 중학생들보다 학습 태도도 나쁘고 조는 학생이 많아 걱정된다고 하니까, K 교장이 대뜸 말을 받아, 자는 학생은 없고요? 하면서, 그 학교에서는 교내 연구수업을 하는데도 세 놈이나 졸고 있어서 교사가 주의를 환기시켰는데도 계속 졸더라는 것이다. 현실이 그러하니 너무 걱정하지 말고 그냥 지내라고 한다. B 교장도 현실은 현실대로 받아들여야지 잘못하면 병난다고 하면서, 열린 교육인가, 무엇인가가 유행하면서 학습 태도가 더욱 나빠진 것 같다고 한다. 교실이 이렇게 된 원인은 무엇일까? 예전 같은 교실로 복원할 수는 없을까? 어떤 이는 교사의 지시에 일방적으로 따라가는 예전 같은 교실로의 복원은 의미가 없다고 하지만, 나는 그래도 지금의 불안한 교실보다는 옛날의 교실이 그립고, 옛날의 교실에서는 좀 더 나은 교육이 이루어질 것 같은 생각이 든다.

다음 교내 직원 연수 때는 답을 얻지 못하더라도, 조는 학생은 어쩔 수 없이 그냥 놓아두더라도, 자는 학생이 없는 교실을 만들 방안을 토론에 부쳐볼까 한다. 한바탕 떠들고 나면 답답한 마음도 풀어지고, 교실에서 무엇인가 조금은 변화가 올 것으로 기대하면서 말이다. 즐거운 마음으로 교실을 돌아볼 수 있다면 얼마나 좋을까, 이러한 희망을 품고 교실 돌아보기는 계속할 생각이다.

나는 내가 열심히 이야기할 때, 상대방이 딴청을 하면 짜증이 나고 은근히 화가 난다. 그래서 '남의 이야기는 끝까지 듣는다.'라는 좌우명을 가지고 살고 있다. 그리고 학생들에게도, 남의 이야기를 끝까지 듣는 습관을 갖게 되면, 여러분은 좋은 친구도 사귀게 되고 사회생활에서도 반드시 성공할 것이라고 하면서, 남의 이야기를 끝까지 듣는 습관을 지니도록 부탁을 하고 있다.

교사는 한껏 목청을 높이고 있는데, 그 앞에서 편안한 자세로 잠을 자는 학생이 있다면, 맥이 빠져서 할 말도 잊어버리게 될 것이다. 이러한 환경에서, 교사는 무슨 신명이 나서 최선을 다하겠는가? 교사들에게서 신명을 빼앗아 간 사람은 누구일까? 교실에서 버릇처럼 잠을 자는 학생일까? 아니면 입시제도, 교원 정책 등을 입안 한 사람일까? 그것도 아니면 이 사회의 구조적인 모순 때문일까? 원인이 무엇이고 누구의 책임인가는 밝히지 못하더라도, 신명을 잃어버린 선생님들께 신명을 찾아 돌려주지 않으면, 학교는 더는 배움의 터가 될 수 없고, 교실은 가르치는 이도, 배우는 이도 모두 잃어버린 공간일 수밖에 없다.

어떤 이는 지금 교실이 붕괴되어 가고 있다고 한다. 나는 이 표현이 과장된 것이 아니라고 생각한다. 학교에 아무런 연락을 하지 말고, 교실을 잠시만 들여다보면 누구나 교실의 붕괴 현상을 쉽게 확인할 수 있을 것이다. 우리 모두 힘을 모아, 조는 학생은 못 본체하더라도 자는 학생만은 깨워 일으켜, 교실을 예전의 모습으로 복원해야 한다. 그렇게 하지 못하면, 우리는 직업의식이 없는 교사, 실패한 교사로 스스로 부끄러워해야 할 것이다.

(졸저 『드러누워 보는 세상』 2004년)

무너지는 교권, 흔들리는 학교

9월 6일 저녁 뉴스를 보다가 나는 깜짝 놀랐다. 대구의 한 학교 교장실에서 학부모가 자기 자식을 징계했다는 이유로 교사를 폭행했다고 한다. 어느 교사가 자기가 가르치는 학생을 징계하고 싶었겠는가, 만부득이한 조치였을 것이다. 그런데 그 이유만으로 학교에서, 그것도 교장실에서 교사가 폭행을 당한 것이다.

그 보도를 보면서 나는 12년 전 겪었던 악몽 같은 일이 떠올라 가슴이 아려왔다. 당시 내가 근무했던 G중학교는 생활 여건이 좋은 아파트단지 학생들을 주로 배정받고, 선생님들이 열심히 가르쳐 좋은 학교로 소문이 나 있었다. 그 학교에서 상상도 못 할 일이 일어났다.

지금 생각해도 분명 꿈은 아닌데 꿈같다는 생각이 든다. 명색이 교장인 사람이 자기가 근무하는 학교에서 학부모로부터 욕을 먹고, 상해를 입을 뻔한 일이 일어난 것이다.

나는 수업 분위기도 살펴보고 시설관리도 할 겸 하루에 한 두 차례 학교를 둘러보곤 했다. 오월 어느 날 오전이었다. 3층에 올라가니 복도에서 40대의 남자가 교실을 기웃거리고 있었다. 예사롭지 않은 사람이구나 생각하면서 어떻게 오셨느냐고 물었더니, 딸애의 담임선생이 오라고 해서 왔다고 하면서 불만스러운 표정을 지었다.

천천히 3층을 돌고 4층에 올라오니 좀 전에 만난 그 사람과 수업하던 영어 교사가 언쟁하고 있었다. 가까이 다가가 보니 교사는 '나는 담임이 아니고, 학부모님을 오라고 한 일이 없다' 하고, 학생의 아버지는 00년, 0년 하면서 교사에게 마구 욕을 하는 것이었다.

학부모가 어떻게 자기 딸을 가르치는 선생님에게 욕을 할 수 있나, 어이가 없고 분한 마음에 큰 소리로 '아이들 앞에서 선생님께 욕을 하면 어떻게 합니까, 내가 교장입니다.' 했더니, 대뜸 나에게 '이 새끼야, 교장이면 다야' 하는 것이었다. 그래서 내가 '이거 보세요. 내 나이가 육십이 넘은 사람이요.' 하니까, '이 새끼야 나도 사십이 넘었다.'라고 거침없이 대답하는 것이 아닌가.

놀란 내가 뭐라고 대답했는지 솔직히 기억이 나질 않는다. 다만 잘못하다가는 큰 봉변을 당하겠구나 하는 생각뿐이었다. 학생들은 놀라움과 호기심으로 일부는 이미 복도에 나와 있었고, 나머지 학생들은 창문을 열고 복도 쪽으로 모두 고개를 내밀고 있었다.

그때, 아버지라는 사람은 윗옷을 벗어 왼손에 감고 바른 손 주먹으로 유리창을 깨더니, 그중에서 큰 유리 조각 하나를 빼 들고는 나를 죽이겠다고 대들었다. 순간 나는 이 난국을 어떻게 벗어나나? 우선 이 자리를 피하고 볼까? 맞서서 싸울까? 망설이지 않을 수 없었다.

옆 반에서 수업하다가 나온 김 선생은 우선 피하시라고 내 손을 끌어당겼다. 그러나 그 상황에서 피한다는 것은 용기 없이는 불가능한 일이었다. 왜냐하면, 너무나 많은 학생이 쳐다보고 있는데, 비겁한 행동으로 비칠 것이 두렵기 때문이었다.

그렇다고 젊은 사람과 맞서 싸우다가 휘두르는 유리 조각에 얼굴이라도 다치면 어떻게 하나 겁도 났다. 그렇지만 학생들에게 부끄러운 모습을 보이는 것보다는 부딪쳐 싸우는 것이 낫겠다는 생각이 들어 죽여보라고 한 발짝 앞으로 다가갔다.

그러자 그는 주춤하고 한 발짝 물러서더니 유리 조각을 복도에 팽개치고 손에 흐르는 피를 바짓자락에 쓱쓱 문지르고 돌아섰다. 돌아선 등 뒤로 보이는 시퍼런 문신은 나를 더욱 당황스럽게 하였다. 4층 복도를 꽉 메운 학생들 사이로 휘적

휘적 팔을 흔들며 사라지는 그를 바라보면서 '경찰에 신고하세요.'라고, 나는 누군가도 지목하지 않은 채 허공에다 소리를 질렀다. 만일 다시 그런 상황이 벌어지면 그때도 맞서 싸우겠다고 나설 수 있을는지….

이렇듯 학교에서 상상할 수 없는 일이 벌어지는 것은 극히 일부이긴 하나 학부모님들 의식 속에 학교의 주인은 수요자인 학생과 학부모라는 인식 때문이 아닌가 하는 생각이 들기도 한다.

그러나 바람직한 학교는 배우는 학생과 가르치는 교사가 주인이 되고, 학부모와 교장은 교수 학습 활동이 원활하게 이루어질 수 있도록 이끌어주고, 도와주는 역할에 충실한 학교가 아닐까? 혼자 생각을 해본다.

교장실로 수없이 많은 전화가 걸려온다. 그중 일부이긴 하나 상식을 벗어난 전화도 많이 있다. 자신의 신분이나 학생의 이름은 밝히지 않고 특정 교사를 비난하기도 하고, 다른 학생이나 학부모를 모함하기도 한다. 내용을 알아보고 전화를 드리겠다고 연락처를 물으면 서둘러 전화를 끊는 경우가 적지 않다. 전화를 건 사람이 학부모이고 나는 신분이 노출된 교장이니 어찌하겠는가.

학생의 인권은 반드시 존중되어야 한다. 아울러 교권도 존중되어야 한다. 교권이 존중되지 않는 상황에서는 교육 본래의 목적을 달성할 수가 없다. 학원처럼 지식은 주고받을 수 있을는지 몰라도….

행패를 부린 아버지를 형사 고발하자는 의견도 적지 않았으나 형사고발 했을 때 몰고 올 파장을 고려해 사과를 받는 선에서 마무리하였다. 나이 많은 학교장에게 마구 행패를 부릴 정도의 심성을 지닌 사람과 계속 상대하여 다투는 것도 피곤한 일이고, 부끄러운 일이 학교 밖으로 알려지는 것도 창피하여 그렇게 끝내기로 한 것이다.

아무도 모르게 고등학교 3학년 교실을 한번 찾아가 공부하는 모습을 보라. 편안하게 엎드려 자는 학생, 만화를 보는 학생 등등 상상을 초월한 교실 풍경에 놀랄 것이다.

자는 학생들을 깨워 수업하라고 하면 교사들은 그게 어렵다고 한다. 우선 학생들이 말을 듣지 않고, 깨어서 떠드는 것보다는 혼자 자게 내버려 두는 것이 차라리 났다고 한다. 이미 교실에서조차 교사의 권리와 권위는 무너져 내린 지 오래다.

교권이 무너지면 학교는 흔들리게 마련이다. 그렇게 되면 가장 큰 피해를 보는 사람은 누구일까, 학생일까? 교사일까? 학부모일까? 참으로 답답하다.

(졸저 『드러누워 본 세상』 2004년)

매를 맞겠다고 합니다

오래전 내가 중학교 교장으로 근무할 때의 일이다. 2학년 학생 셋이 직접 수업을 담당하고 있는 선생님을 욕하고 비난하는 글을 익명으로 학교 홈페이지에 올렸다가 발각된 일이 있다.

담임교사는 학생들이 잘못을 뉘우치고 있고, 가정에 알리는 대신 매를 맞겠다고 하니 그렇게 마무리 짓는 것이 좋겠다고 한다. 그러나 나는 체벌은 다른 문제를 불러올 수도 있으니 안 된다고 하면서 문제의 학생들과 그 부모님을 다음날 교장실로 오시도록 하였다.

사건의 발단은 용의를 단정케 하기위한 등교 지도에서 비롯되었다. 5월의 어느 날이다. 생활지도부장을 불러 비누와 수건을 건네주면서 내일 아침, 정문에서 무스를 발라 머리를 세우고 등교하는 남학생은 모두 머리를 감기고, 경쟁적으로 커지고 있는 여학생의 머리 리본 핀도 모두 빼앗아 놓았다가 나중에 돌려주라고 하였다.

다음날 정문에서 왁자지껄 떠드는 소리가 들려왔다. 남학생들은 머리를 억지로 감기 고도 무엇이 그리 좋은지 웃고 떠들고, 여학생들은 비싼 리본 핀이라고 하면서 앞으로는 하지 않을 터이니 돌려달라고 야단들이다.

그날 오후, 퇴근하려는데 생활지도부장이 무슨 급한 일이 있는지 바쁜 걸음으로 찾아왔다. 그러고는 이웃 학교에 근무하는 교사가 전화를 걸어와 우리 학교 홈페이지를 열어봤더니 이런 해괴한 글이 실려 있었다고 하면서 복사한 종이를 내밀었다.

그 글을 읽고 내가 받은 충격은 지금도 잊을 수가 없다. 노골적으로 성행위 장면을 묘사하는 등 음담패설로 세 사람의 남녀 교사를 비하하는 모욕적인 글인데, 사용한 단어와 내용이 중학생의 글이라고는 도무지 믿어지지 않았기 때문이다. 그 후, 나는 빗나간 학생 세태를 이야기할 때 그 글을 큰 물증이나 되는 듯이 내어 보이기도 했다.

그날 학생들이 상스럽게 욕을 섞어 비난한 세 사람은 모두 생활지도부 교사였다. 그렇기에 사건이 아침, 정문 등교 지도에서 비롯된 것임을 쉽게 알 수 있었다. 아이들의 표적이 된 세 명의 교사가 함께 수업에 들어가는 반을 조사하였더니

2학년 1반 딱 하나였다. 그 반에 들어가 무스를 바르고 등교하다가 적발된 학생을 찾다가 보니 자연스럽게 문제의 세 학생을 발견해 낼 수 있었다.

세 학생은 하굣길에 학교 앞 PC방에 들렀다가 의기투합하여 깊은 생각 없이, 컴퓨터의 익명성만을 믿고 안이한 마음으로 문제의 글을 올렸다고 한다.

그들은 자신들이 저지른 일이 발각되고 나서야 잘못이 너무 큰 데다가 교장이 부모님을 모시고 오라 한다니까 문제의 심각성을 깨달은 모양이다. 그들은 스스로 매를 때려달라고 하면서 집에만은 알리지 말라고 사정을 하더란다.

다음날 오후 네 시경, 학생 셋과 담임교사가 미리 와 있는 교장실로 어머니 세 분이 고개를 푹 숙이고 들어오셨다.

아이들이 학교 홈페이지에 올린 글을 읽어보신 어머님들은 하나같이 우리 애가 이런 글을 쓸 수 없다고 하시면서 믿으려 하지 않았다. 그러나 고개를 떨어뜨리고 있던 아이들이 잘못을 인정하자, 어머니들은 부끄럼도 잊은 채 동시에 엉엉 소리를 내어 우시는 것이었다.

한 어머님은 "내 자식이 자식으로 보이지 않고 사내로 보인다, 앞으로 저 아이가 무서워 어떻게 해야 할지 모르겠다." 라고 하시며 흐느끼시기도 했다.

아차! 내가 잘못했구나. 그때야 내 생각이 짧았음을 깨달았다. 야단을 치려고 어머님들을 오시라고 했는데 어떻게 하나, 인권 운운하고 체벌은 못 하게 하면서 그야말로 인격을 송두리째 짓밟는 꼴이 되었으니… 최소한 아이들이 쓴 그 문제의 글만이라도 어머님들에게 보여드리지 않았어야 했는데….

나는 한 발짝 물러서기로 하였다. 학생들을 향하여 또다시 이런 일을 저지르면 용서치 않겠다고 엄포를 놓고, 담임교사에게 곁눈질하여 학생들을 데리고 나가도록 했다.

그리고 어머님들께 "중학생 시기가 사춘기와 맞물려 생각지도 못한 크고 작은 문제들이 종종 일어나고 있습니다. 사춘기 청소년들이 겪는 하나의 성장통(痛)으로 이해하시고 아이들을 너무 심하게 나무라지 마시기 바랍니다. 아이들도 오늘 어머님들이 당하신 수모를 옆에서 지켜보고 느낀 점이 많을 것입니다."라고 하면서, 학생들을 너무 심하게 나무라지 마시라고 오히려 내가 어머님들께 부탁하였다.

그 세 학생과 어머님들은 나에게서 받았던 수모를 지금쯤은 잊으셨을까? 그때 담임교사 말대로 정신이 번쩍 나도록 몇 대 때리고 마무리 지었다면 나도, 그들도 상처를 입지 않았을 터인데….

교직 생활 사 십여 년, 정말로 오랜 시간을 아이들 문제로 고민을 해왔지만, 아직도 무엇이 교육적이고 비교육적인지, 무엇이 인권침해이고 아니고가 분간이 서지 않을 때가 있다. 나의 우둔함이 그저 부끄럽기만 하다.

(월간 『월간문학』 2010년 11월호)

십자인대파열 사건

며칠 전 신문에 "국무총리 후보자의 차남이 병역면제 판결을 받은 것 때문에 무릎 부위 X선과 MRI 촬영을 하였는데, 담당 의사가 전방십자인대 재건 수술을 받은 것이 확실하다." 라고 말했다는 요지의 기사가 있었다. 그 기사를 읽으면서 문득 떠오른 것이 '십자인대파열'이라는 여섯 글자였다. 내가 교직에 있으면서 겪었던 여러 일 가운데 아직도 아픈 상처로 남아 있는 게 학생의 십자인대파열 사건이다.

1999년 여름 어느 날, 한 어머니가 큰 소리로 "어떻게 할 거예요, 책임지세요." 하면서 교장실 문을 열고 들어섰다. 그 뒤로 교감 선생님과 1학년 국어를 담당하고 있는 여 선생님이 주눅 든 모습으로 따라 들어왔다.

어머니는 격앙된 목소리로 자기 아들이 국어 시간에 씨름하다가 십자인대가 파열되었다고 하면서, '국어 시간에 씨름은 왜 시켜요? 씨름을 시키려면 체육복을 입히고 준비 운동을 해야 옳지 않아요? 그리고 아이가 다쳤으면 들것을 이용하여 양호실로 옮겨야지, 학생 등에 업혀 양호실로 옮기면 어떻게 해요? 책임지세요!'라며 사무실이 떠나가라고 고함을 쳤다.

참으로 난감하였다. 국어 담당 교사에게 자초지종을 물었더니, 국어 교과서에 단오 내용이 나오는데, 어제가 단오라 계기 교육으로 씨름을 하게 하였고, 마침 전 시간이 체육 시간이어서 학생들은 체육복을 입고 있었고, 사전 준비 운동도 별도로 시킬 필요가 없었다고 했다. 다친 학생을 양호실로 옮길 때도 키가 큰 학생이 업고 다른 학생들이 옆에서 부축하였기 때문에 문제가 없을 것으로 생각했다고 기어들어 가는 목소리로 대답을 하였다.

대충 상황을 파악한 내가 어머니께 씨름을 시킨 게 단옷날 계기 교육 차원에서 이미 계획되었던 것이고, 체육복 착용이나 준비 운동은 마침 전 시간이 체육 시간이어서 문제 될 것이 없으나, 결과적으로 학생이 다쳤으니 죄송하게 되었다고 사과를 하였다. 그리고 학교가 책임질 일은 책임지겠으니 언성을 낮추어달라고 부탁을 하였다.

그러자 어머니는 자기가 양호교사(보건교사) 출신이라고 밝히고, 다친 아이를 들것으로 안전하게 이송하지 않고 왜 다른 학생에게 업혀 양호실로 보냈느냐고 잘잘못을 따져왔다. 환자이송이나 응급조치에 대한 지식이 부족하였던 나로서는 대답할 길이 없었다. 그 어머니 말이 옳은 것인지 그른 것인지 제대로 알지 못 하여 죄송하다고 또 한 번 잘못을 사과하였다.

그날 이후, 어머니는 수시로 학교에 찾아오셔서 학교 책임을 강조하였다. 하루는 찾아와 "한국의 병원에서는 성장판이 닫힐 때까지 십자인대파열 재건 수술을 할 수 없다."라고 하니 미국에 데리고 가 수술을 하겠다고 한다. 그때만 해도 지금과 달리 한국에서는 성장판이 열려있을 때는 수술을 하지 않고, 성장판이 닫히는 시점까지 기다렸다가 십자인대 손상 재건 수술을 한 것 같다. 지금까지도 나는 십자인대가 정확히 어디에 있는 것인지, 성장판이 어떤 기능을 하는 것인지 알지 못하고 있다.

미국엘 데리고 가 수술을 한다고 하기에 내가 의아해하였더니, 다친 학생이 미국시민권을 가지고 있다고 하면서 여름방학에 미국에 데리고 가 그곳에서 수술을 시키겠다고 한다. 미국은 의료비가 만만치 않아 내심 걱정이 되었지만, 묵시적으로 동의를 할 수밖에 없었다.

그 어머니에게 계속 끌려다녀서는 아니 되겠다는 생각에서 수술 경비의 일정 부분이라도 학생·교사 모금 등 여러 방안을 통하여 준비할 터이니 필요한 금액을 말해 달라고 하였으나, 끝까지 금액은 밝히지 않고 학교 책임만을 강조하였다. 보상액을 미리 이야기하였다가 치료비가 예상외로 많이 나오면 손해를 볼 것 같아서인지 대답을 하지 않았다.

교장인 나는 그런대로 참고 지낼 만하였으나 씨름을 시켰던 국어교사는 참말로 고생을 많이 하였다. 여러 차례 학생 집을 방문하여 사과하고, 학생이 미국으로 떠나는 날은 공항까지 나가 배웅을 했다. 그리고 꽤 큰돈을 마련하여 여비로 전달하려 했으나 거절당했다고 한다.

그해 2학기에 나는 다른 학교로 전근이 되어 사건이 어떻게 마무리되었는지 잘 모른다. 아마도 내가 다른 학교로 전근을 내신 한 사유 중에 십자인대파열 사건도 하나의 이유가 되었을 것이다. 전근 발령을 받고도 솔직히 헤어지는 아쉬움보다는 시원하다는 생각이 먼저 들었다.

지금도 흥분하여 학교를 비난하던 그 어머니의 모습이 희미한 영상으로 다가올 때가 있다. 그리고 큰 죄인처럼 고개를 들지 못하고 힘겹게 서 있던 젊은 여선생님의 모습이 실루엣이 되어 아련히 떠오를 때가 있다.

그때 십자인대를 다쳤든 학생도 이제는 삼십 대 청년이 되었을 터인데, 어떻게 살고 있는지…. 국어 선생님은 사건이 수습되기까지 얼마나 마음고생을 하였을까, 지금쯤은 아픈 상처가 아물었을까. 중견 교사가 되었을 터인데…. 선생님과 학생, 그리고 그 어머님도 같은 피해자인데…. 모두가 아픈 상처를 잊고 행복하게 살았으면 좋겠다.

(월간 『문학저널』 2016년 3월호)

선생님, 정년퇴임 하셔야죠

학교가 흔들리고 교권이 추락하고 있다. 학생은 본분을 망각하고 교사와 맞서려 하고, 교사는 사명감과 자존감을 내려놓고 교단을 떠나려 하고 있다.

최근에 와서 교원의 명예퇴직신청이 급격하게 늘어나고 있다. 교육부에 의하면 2014년 2월, 전국 17개 시도교육청에 명퇴신청을 한 교원이 5,164명인데, 예산상의 이유로 이 중 54.6%인 2,818명만을 받아들였다고 한다. 한때는 노(老) 교사 한 명 퇴임하면 젊은 교사 2~3명을 새로이 쓸 수 있다고 하면서 명예퇴직을 권장하기도 하였는데….

이렇게 명예퇴직 희망자가 늘어나자 많은 사람이 '더 내고 덜 받게'하는 공무원연금법 개정 때문이라고 진단을 하고 있다. 그러나 공무원연금법 개정은 명퇴신청 사유의 부차적 요인에 불과하고 주요인은 흔들리는 학교, 끝없이 추락하는 교권에 있다.

명퇴 신청자에게 물어보라, 학생생활지도가 어렵기 때문이라는 대답이 주를 이룰 것이다. 얼마 전까지는 수업시간에 잠을 자고 스마트폰을 하는 학생이 문제였으나 지금은 잠자는 것은 그나마 다행이고, 교사에게 불손하게 대들고 심지어는 협박에 가까운 말까지 함부로 한다고 한다.

전해 들은 이야기이다. 교사가 학생의 잘못을 심하게 나무라자, '선생님, 정년퇴임 하셔야죠!', 농담인지 협박인지 모를 불손한 소리를 하더란다. 그 소리를 듣는 순간 끓어오르는 분노로 쓰러질 것만 같았다고 한다. 교직에 정나미가 떨어진 그는 공무원연금법이 불리하게 개정되기 전에 교직을 떠나기로 마음먹고 명퇴신청을 하였다.

J 교사는 중견 수필가이다. 삼십 년 넘게 사립 고등학교에 근무하다가 몇 년 전 실업계 여자고등학교로 자리를 옮겼다. 하루는 학급 조회를 하기 위해 교실에 들어가니 한 학생이 스마트폰을 하고 있기에 끄라고 하였더니, 손가락을 입에 갖다 대면서 오히려 J 교사에게 가만히 있어 달라는 표정을 짓더란다. 전화를 끝낸 학생은 어이없게도 J 교사에게 '새로 나갈 아르바이트 사장님과 통화를 하고 있는데 전화를 끊으라고 하면 어떻게 해요.' 하고는 오히려 짜증을 내더란다.

J 교사에게서 들은 다른 이야기이다. 담임을 맡은 반 학생이 조퇴하겠다고 하기에, 안색을 살펴보니 몸이 많이 불편한

것 같아 택시를 타고 집에 가라고 만 원을 손에 쥐여주었다고 한다.

다음 날 아침, 그 학생이 학교에 나오지 못하는 것은 아닌가 걱정이 되어 기다리고 있는데 조회가 끝날 무렵에 교실로 들어오더란다. 여러 학생이 있는 데서 몸이 어떠냐고 물어보면 쑥스러워할 것 같아 조회를 끝내고 나오면서 그 학생을 복도로 불러냈다. 한참을 기다려도 나오지 않아 뒷문을 열고 재차 독촉하니, 그제 서야 불만스러운 표정을 지으며 나오더란다.

담임인 J 교사가 '얼른 나와야지, 5분도 더 기다리게 하면 어떻게 하니, 몸은 괜찮아?' 하고 물었더니, '졸려서 그랬어요.' 하고는 그냥 교실로 들어가더란다. J 교사는 말을 하지 않았지만, 그 학생으로부터 '선생님! 고맙습니다.'라는 말을 기대했을지도 모른다. 그런데 인사는 고사하고, 졸린 사람을 불러내면 어떻게 하느냐는 불만스러운 표정만 보았으니 모래 씹은 맛이었을 것이다.

교사를 상대로 교직의 어려움을 조사하였더니 중학교 60%, 고등학교 44%, 초등학교 43% 가 생활지도가 제일 문제라고 대답하였다고 한다. 지금 학교에서는 학생 소지품 검사를 할 수 없다. 극히 일부이겠지만 실업계 고교 여학생의 경우, 학교 끝나고 나가는 아르바이트 때문인지 가방에 화장품을 이것저 것 넣고 다닌다. 그렇지만 소지품 검사를 할 수 없는 상황이어서 지도할 방도가 없다고 했다.

명퇴를 신청하는 교사들에게 그 사유를 물었더니 94.9%가 교육환경 변화를, 3.4%가 연금법개정과 개인 부채를, 0.9%가 건강 때문이라고 답했다고 한다. 교육환경 변화를 든 교원 중에서 70.7%가 학생지도의 어려움 및 교권 추락을, 19.7%가 교원평가로 인한 교직 사회의 분위기 변화를 들고 있다.

지금 교단에는 소신 있게 아이들을 지도하기보다는 문제가 생기지 않도록 방임하는 교사가 늘어나고 있다. 일부 교사들은 생활지도가 어려운 데다가 교권마저 끝없이 추락하다 보니 자존심이 상하여 교단을 떠나려 하고 있다. J 교사도 2014년 2월 교단을 떠나 지금은 수필을 쓰면서, 성인을 상대로 수필창작에 관한 강의를 하고 있다. 가끔은 평생을 바쳐온 교단이 생각나고, 아이들이 그립지만, 마음을 짓누르던 무거운 짐을 내려놓은 것 같아 행복하다고 했다.

1990년대 말, 내가 고등학교 교장으로 있을 때이다. 학생간의 폭력이 주로 문제가 되었지만, 교사의 학생체벌도 간혹 문제가 되었다. 나는 그때나 지금이나 개인적으로는 교육에 회초리가 필요하다는 견해이다. 그러나 교장으로서는 체벌을 반대할 수밖에 없었다. 그래서 유능한 교사가 되려고 노력하다가 문제 만들지 말고 그냥 평범한 교사로 정년을 맞이

하라고 선생님들에게 조언을 한 일도 있다.

학생이 '선생님, 정년퇴임 하셔야죠!' 하는 말과 교장인 내가 '선생님, 정년퇴임 하셔야죠!'라고 한 말은 같은 것인가? 다른 것인가? 명색이 교장인 내가 회초리를 들고 열심히 가르치는 교사를 격려하기보다는 문제 만들지 말고 적당히 지내다가 정년을 맞이하라고 타이른 일을 생각하면 지금도 부끄러움으로 얼굴이 화끈댄다.

(졸저 『어처구니 있다』 2015년)

다시 서 보고 싶은 교단(敎壇)

나는 언제나 철저한 수업 준비를 강조하고 있다. 수업 준비를 소홀히 하면 실수를 하게 마련이고, 그 실수를 몇 번 반복하다 보면 교사로서의 권위를 잃게 되기 때문이다. 특히 어린 학생들에게는….

1960년대 중반, 고향중학교에 근무할 때이다. 학기 중간에 역사 선생님이 갑자기 사직하는 바람에 그 수업의 일부를 내가 맡게 되었다. 총 3학급의 작은 학교라 교사 한 사람이 여러 과목을 담당할 수밖에 없어 군말 없이 받아들였다. 학기 도중에 새 과목을 맡다 보니 준비 없이 수업하게 되었고, 처음부터 문제가 생겼다. 첫 시간이니 역사 공부에 대한 일반적인 이야기나 하고 끝냈으면 좋았을 터인데, 무모하게 바로 수업에 들어갔다. 수업하면서도 혹시나 하는 걱정으로 몇 줄 앞을 살펴나갔다.

그때 내 눈에 들어온 것이 오두미란(五斗米亂)인지, 오두

미도(五斗米道)인지는 확실치 않은데, 제대로 알지 못하는 내용이었다. 더 이상 진도를 나가는 것이 부담되어 장난치는 학생 하나를 찾아 세워놓고는 잔소리로 남은 시간을 보냈다. 지금 생각해도 부끄럽고 낯이 뜨거워서 할 말이 없다.

한 초등학교 교사가 전해준 이야기이다.

국어 교과서에 삼일운동 내용과 민족대표 33인이 독립선언문을 낭독하는 삽화가 있다. 교사가 그 내용을 열심히 설명하고 있는데, 한 학생이 손을 번쩍 들고 질문을 하더란다.

"선생님! 사진에는 33인이 아니고 스물아홉인 데요."

" 그럴 리가, 네가 잘못 세었겠지."

"아니에요, 틀림없이 스물아홉 명이에요."

"그래, 함께 세어보자."

"그렇구나, 스물아홉 명…."

사실 독립선언문에 서명한 민족대표는 33인이었지만 태화관에서 독립선언문을 낭독했을 때 참석한 사람은 29인이었다. 역사를 전공하지 않은 그 교사가 수업을 어떻게 마무리했을까….

이번에는 국사 시간에 있었던 일이다.

삼일운동은 천도교의 손병희, 불교의 한용운, 개신교의 이승훈 등 당시 종교계의 지도자들과 학생들이 중심이 되어 일으킨 민족 독립운동이라고 설명을 하자, 한 학생이 '천도교, 불교, 개신교 지도자는 있는데, 왜 천주교 지도자는 없나요?' 하고 물어왔다.

그 질문에 교사는 어떻게 대답을 하였을까?

학생들을 가르치다 보면 예상치 못했던 질문을 받을 때가 적지 않다. 특히 교사가 모르거나 정설이 없는 내용을 물어왔을 때, 누구나 조금은 당황하게 된다. 내용을 자세히 모르니 다음에 알려주겠다고 솔직하게 대답을 해야 할지, 적당히 얼버무리고 그냥 넘어가야 할지 망설이게 된다.

참 좋은 질문이구나! 우선 칭찬부터 하고, 그 문제는 각자 좀 더 알아본 후에 공부하자고 하여, 학생에게는 궁리할 기회를 제공하고, 교사는 질문에 대한 답을 준비할 수 있는 시간을 갖는 것도 한 가지 방법이 될 것이다. 하지만 막상 답하기 곤란한 질문을 받게 되면 대개는 당황하여 여유를 잃게 된다.

내가 저지른 또 하나의 실수이다. 그것은 가정예절을 지도하면서 출필곡 반필면(出必告 反必面)을 '출필고 반필면'으로 잘못 읽고, 뵙고 청할 '곡'을 여쭐 '고'로 틀리게 알려준 일이다. 수업을 끝내고 나와 즉시 잘못을 확인하였지만, 그 사실을 학생들에게 바로 알리지 못하고 몇 주를 보내야 했다. 그러고는 단원 내용을 정리하는 과정에서 슬그머니 한자로 출필곡 반필면(出必告 反必面) 을 써 놓고, 지난번과 달리 '출필곡 반필면'으로 바르게 읽게 하였다. 다행스럽게도 지난번에는 '곡'이 아니라 '고'로 읽어주었다고 이의를 제기하는 학생이 없었다. 지금 생각해도 부끄러운 마음에 얼굴이 저절로 붉어진다.

지금 돌이켜 보면 아쉬움만 남는 교단이다. 좀 더 수업 준비를 충실히 하였더라면 실력 있는 훌륭한 교사로 학생들의 기억 속에 남아 있을 터인데…. 이렇듯 자랑거리보다는 부끄러움이 많은 교사 생활이었지만 이제는 그 모두가 아름답고 즐거운 추억으로 다가온다.

자랑스러웠던 일, 부끄러웠던 일, 즐거웠던 일들이 함께 어우러진 젊은 교사 시절이 그립다. 이제는 되돌릴 수 없는 젊은 날의 보배 같은 시간, 아련한 추억 속의 시간, 그 시간의 편린 너머로 정겨운 교단이 보인다. 그 교단에 다시 한번 서 보고 싶다.

(월간 『문학저널』 2009년 11월호)

6. 임종체험

가상 유언장

암(癌) 센터

안락사(安樂死)

고독사(孤獨死)

사전연명의료의향서

임종(臨終)체험

가상 유언장

어느 문학지에서 문인 11명의 가상 유언장을 받아 실었다고 한다.

문인들은 대개 유언장을 남기지 않아 갑작스럽게 세상을 떠나는 경우 묘비명(墓碑銘)으로 남길 만한 문구조차 찾기 어려워 안타까울 때가 있는데, 이를 막아보기 위한 취지에서 계획되었다고 한다.

미리 유언장을 써본다는 것은 참으로 좋은 아이디어이다. 인간은 누구도 죽음 앞에서는 진실할 수밖에 없기에 유언장에는 자기의 참 마음을 담게 된다. 가상 유언장은 진짜 유언장과는 달리 주위를 의식하고 쓰는 경우도 없지 않겠으나 그래도 자기 삶을 돌아보면서 진실을 담으려고 노력할 것이기 때문에, 쓰는 사람 자신에게도 의미 있는 일이고, 그 글을 읽는 사람에게도 감동을 줄 수 있을 것이다.

그래서 나도 가상 유언장을 써 보려고 펜을 들었으나 글이 써지질 않는다. 왜냐하면, 나는 평소 영혼의 존재에 대하여 부정적인 견해를 가지고 있기 때문에, 내가 죽거든 산소는 물론 납골당도 만들지 말고 화장을 해서 고향 땅에 뿌려달라고 부탁하고 있기 때문이다. 이 부탁이 바로 내 유언의 요체가 될 것이기에 따로 가상 유언장 쓰기를 연습할 필요가 없는 것이다.

산소도 필요 없고, 납골당도 의미가 없다고 하면 가족들은 당신이 죽은 후에 문제는 살아있는 사람의 몫이니 산 사람들에게 맡겨 놓으라고 일축한다. 내가 스스로 산소를 쓰지 않으려는 것은 영혼의 존재나 사후 세계에 대한 확신이 서지 않기 때문이다.

사실 나에게는 궁금한 것이 많이 있다. 그중 많은 부분이 과학이라는 인간의 지혜를 통하여 해소되었으나 사후 세계나 영혼의 존재 유무는 정말로 궁금하나 해답을 찾을 길이 없다.

모든 인간이 영혼의 존재를 믿는다면 이 사회는 유지되기 어려울 것이다. 왜냐하면, 너, 나 할 것 없이 내세를 준비하기 위하여 현세를 소홀히 할 수밖에 없기 때문이다. 반대로 모두가 영혼이 없다고 믿는다면 현세만 잘살면 된다는 욕심으로 도덕·윤리는 땅에 떨어지고, 이 사회는 동물 같은 사람들이 사는 사회로 전락하고 말 것이다. 한 세상 살고, 모든 것이

끝난다면 누가 선하고 바르게 살기 위해 노력하겠는가?

영혼의 존재 유무는 인간으로서는 궁금한 일이지만 끝까지 밝혀지지 않아야 인간이 스스로 갈등하면서 영혼의 존재를 믿고 싶은 사람은 현세의 생활과 더불어 내세를 준비하고, 영혼의 존재를 믿고 싶지 않은 사람은 현세를 좀 더 안락하게 살기 위해 노력할 것이다.

신은 존재하는가? 신이 살아있다면 9·11테러와 같은 만행이 일어나도록 방치한 이유는 무엇일까? 영혼이라는 것은 인간 육체에 어떻게 스며들었다가 어떻게 떠나는 것일까? 영혼은 소멸하고 마는가? 불멸하는 것인가? 자못 궁금하다.

영혼이 있다면 신께서는 모래알보다 더 많은 수조(兆), 수억(億)의 영혼을 어떻게 관리할까? 그리고 사후 세계는 시·공간을 초월하여 존재한다고 하지만 어디에 어떻게 존재할까?

영혼의 존재에 대하여 회의를 느껴 나가던 교회마저 쉬고 있지만 나도 영혼의 존재를 믿고 싶다. 돌아가신 부모님이나 가까웠던 친구가 생각날 때는 영혼이 존재할 것이라는 믿음이 확신으로 다가오기도 한다. 그래서 인간의 알량한 판단으로 신의 세계를 알고자 하는 것은 미련한 짓이므로 무조건 영혼의 존재를 믿어야 한다고 다짐을 해 보기도 한다.

'수소' 두 분자와 '산소' 한 분자의 화합물인 '물'이 기온에 따라 기체로 변하여 수증기가 되고, 고체인 얼음으로 변하는 것과 같이 우리의 영혼도 존재하는 것은 틀림없으나 존재 형식에 따라 사람의 몸을 빌리기도 하고, 혼백으로 삼계(三界) 육도(六道)를 떠도는 것은 아닌지, 혼자 생각을 해본다.

이렇듯 영혼의 존재에 대하여 반신반의하는 내가 가상이지만 유언장을 써보려고 시도하는 것은 발전적 변화임에는 틀림없으나 죽음에 대한 절박한 감정이 없어서인지, 영혼에 대한 확신이 없어서인지, 마음에서 우러나오는 유언장이 써지지 않는다.

언제인지는 알 수 없으나 머지않아 우리는 모두 이 세상을 떠날 것이다. 떠나는 길에 하고 싶은 말 한마디를 글로 남겨 놓는 것은 분명 의미 있는 일이고, 자신의 삶을 잠시나마 되돌아본다는 뜻에서 한 번쯤 유언장 쓰기를 연습해 보는 것도 아름다운 삶을 사는데, 보탬이 될 듯싶다.

우리 모두 가상 유언장 쓰기를 통하여 자성의 기회를 가져보면 어떨까?

(졸저 『드러누워 보는 세상』 2004년)

암(癌) 센터

탕! 탕! 탕!
선고가 내려지면
왜, 하필 나인가, 나인가
눈망울에 핏발이 선다

슬픔을 머금은 눈동자
분노, 체념, 절망이 춤판을 벌리고
뻥 뚫린 가슴에는
한 가닥 정적이 흐른다

의사의 두터운 입술
아귀(餓鬼)처럼 다가오고
CT 검사, 수술, 방사선……
1개월, 3개월, 6개월……

암 센터에 어둠이 내리면
삼악도 가는 길목에
굿판이 신명나게 벌어지고
안개는 자욱이 내려 세상을 덮는다.

암 센터에 가면 언제나 마음이 우울해진다. 암이 죽음의 병으로 각인되어 있기 때문이다. 암 센터를 드나드는 환자 중에는 이승에 살아남을 사람도 있고, 머지않아 저승으로 떠날 사람도 있다. 그러나 누구도 죽고 사는 일을 예단할 수는 없다.

언제 이 세상을 떠날지 모르는 불안한 사람들, 그들에게는 죽음의 그림자가 공포와 슬픔으로 다가올 수밖에 없다. 나도 그 대열에 함께하였다가 일단 벗어나기는 하였지만 언제 또 다시 그 대열에 합류하게 될지 모른다.

2008년 2월, 나는 내가 사는 남양주 Y병원에서 대장내시경 검사를 받았다. 결과는 대장암이라고 한다. 처음에는 '왜 하필, 나인가' 하는 분한 마음에서 하나님을 원망하기도 했다. 그런데 의사는 초기인 데다가 다른 곳으로 전이(轉移)도 되지 않아 다행이라고 하면서 엉뚱하게 축하한다고 했다.

그러면서도 전이 확률이 10~20퍼센트 있으니 수술을 하는 것이 좋겠다고 하여, 복강경 수술로 창자를 십 센티미터 정도 잘라냈다.

그런데 수술 후에 문제가 생겼다. 이상하게 종양 수치(흔히들 암 수치라고 함)가 높다고 한다. 원인을 규명하기 위하여 CT 촬영 등 필요한 검사를 수차례 받았으나 별다른 이상은 발견되지 않았다. 그러나 종양 수치는 계속 높게 나왔다.

Y병원에서는 정밀도가 높다는 PET-CT 촬영을 서울 회기동에 있는 K 종합병원에 의뢰하였다. 그래서 다시 검사를 받았으나 종양 수치만 높을 뿐 전이나 재발을 의심할 만한 징후는 발견하지 못하였다.

그해 가을 나는 가족들의 권유로 서울 일원동에 있는 S 종합병원으로 병원을 옮겼다. S병원에서는 높은 종양 수치 때문인지 소화기내과가 아닌 혈액종양내과에서 진료를 받도록 하였다.

S병원에서도 위와 장의 내시경 검사를 다시 하고 3개월에 한 번씩 CT 촬영을 하였다. 검사 결과는 정상이었고, 종양 수치는 정상 수치보다 조금 높게 나왔다. 그리고 MRI 검사도 다시 받아보았으나 이상이 발견되지 않았다.

1년이 지나자 6개월에 한 번씩 오라고 하였고, 2011년 8월에는 1년 후에 보자고 하였다. 그래서 올 8월에 CT 촬영, 위·대장내시경 등 종합검사를 다시 받았다. 그리고 결과를 확인하러 갔더니 병원에 이제 오지 않아도 된다고 하였다. 4년 반 만에 완치(?) 판정을 받은 셈이다.

종양 수치에 관한 것 등 몇 가지 묻고 싶은 것이 있었으나 이제 오지 않아도 된다는 말이 고마워 그냥 진료실을 나왔다. 그제야 처음에 암으로 판정받았을 때, 의사와 친구가 했던'축하한다.'라는 말의 의미를 이해할 수 있었다.

만일 1, 2년 늦게 검사를 받았다면 나는 어떻게 되었을까? 지금쯤 저세상 사람이 되어있을지도 모르는 일 아닌가, 우연히 검사를 받고 초기에 암을 발견한 것이 얼마나 다행한 일인가.

내가 대장암에 걸린 사실이 알려지자 주위에서 많은 걱정을 해 주었다. 그중 직장 동료였던 Y는 의술이 크게 발달하였으니 너무 걱정하지 말라고 격려까지 하여주었는데, 어느 날 그 자신도 대장암에 걸렸다고 하면서 어이없다는 표정을 지었다. 얼마 후에는 간에 전이되었다고 하더니, 안타깝게도 올 6월에 먼저 세상을 떠나갔다. 대학 동기 K도 똑같은 경우로 세상을 떴다.

나도 대장암은 치유되었지만, 종양 수치가 높은 편이라 다른 부위에 언제 암이 다시 나타날지 모른다. 한번 암에 걸렸던 사람은 다른 암에 걸릴 확률이 2~3배나 높다고 한다. 살고 죽는 것을 운명에 맡길 수밖에 별도리가 없는 것 같다.

당나라 시인 두보는'사람의 나이 일흔은 예로부터 드문 일'이라고 하였다, 그래서 일흔을 고희(古稀)라 하고 축하연을 베풀기도 한다. 나도 고희를 넘긴 지 몇 해가 되었으니 살 만큼 살았다는 이야기가 된다.

그러나 최근에는 과학 기술과 의술의 발달로 인간 수명이 늘어나고 있다. 이런 추세가 계속된다면 백세 수명은 누구나 누릴 수 있는 날이 머지않아 다가올 것이다. 성경(창세기)에 보면 아브라함은 175세까지 살았고, 그의 아들 이삭은 180세까지 살았다고 적고 있다. 그리고 그 유명한 모세는 120세를 살았다고 한다.

암 센터에서는 매일 수많은 사람이 절망의 늪에 빠져들기도 하고, 재생의 기쁨을 맛보기도 한다. 나도 병원에 다시 오지 않아도 된다는 말 한마디에 무거운 짐을 내려놓은 듯 발걸음이 가벼워졌고, 입에서는 휘파람이 절로 흘러나왔다. 이렇게 암 센터는 새로운 희망을 주기도 하지만 때로는 희망을 몽땅 빼앗아 가기도 한다.

암 센터에 드나드는 사람들, 죽음의 그림자 때문인지 대부분 표정이 어둡다. 치유의 역사가 그들에게 일어나 희망을 되찾고, 행복하게 살게 되기를 두 손 모아 기도드린다.

전지전능하신 하나님! 인간이 건강하게 살다가 편안하게 죽음을 맞이할 수 있도록 은총을 베푸소서! 죽음의 문턱에서 암과 싸우고 있는 모든 환우에게 기적이 일어나게 하소서!

(월간『문학저널』 2013년 4월호)

안락사(安樂死)

지난 9월 8일, 경기도 포천에서는 뇌종양 말기 환자인 아버지를 아들이 목 졸라 살해한 사건이 일어났다. 오랜 병고 끝에 사망하였기 때문에 주위에서는 질병에 의한 자연사(自然死)로 받아들였다. 그러나 장례를 치른 후, 아들은 아버지를 죽였다는 죄책감에 괴로워하다가 자살을 시도한다. 이 과정에서 아버지의 죽음이 질병에 의한 자연사가 아니라 가족 합의로 이루어진 타살임이 밝혀져, 경찰은 존속살해 혐의로 아들을 구속하고 어머니와 누나는 불구속 입건하였다.

한편 가족들은 “아버지가 시한부 판정을 받은 후 ‘고통스러우니 너희 손에 가고 싶다.’라는 말을 여러 번 해왔다.”라고 하면서, 아버지의 유언도 따르고, 고통도 덜어드리기 위한 불가피한 선택이었다고 주장하고 있다. 환자가 얼마나 고통스러웠으면 죽여 달라고 했을까, ‘그 고통을 바라보는 가족들은 얼마나 힘이 들었으면 그 말을 따랐을까….’

'말기 암 아버지를 목 조른 어느 가족의 비극'이라는 신문 기사를 읽으면서 나는 48년 전, 만 44세의 젊은 나이에 위암이라는 병마와 싸우다가 돌아가신 내 어머니가 생각이 나서 한동안 가슴앓이를 했다.

그 당시는 의술이 발달되지 않아 암(癌)은 곧 사형선고였다. 1964년 가을 쓰러지신 어머니는 다음 해 여름부터 간헐적으로 찾아오는 통증 때문에 힘들어하셨다. 그 통증은 가을로 접어들면서는 하루에도 몇 번씩 주기적으로 찾아왔다. 돌아가시기 직전에는 한 시간에도 두세 차례 진통이 왔다. 그 때마다 어머니는 진땀을 흘리시면서 고통스러워하셨다. 그 모습을 그냥 지켜보아야 하는 자식들의 고통은 말로 다 형언할 수 없었다.

암이라는 몹쓸 병은 환자가 죽을 때까지 의식이 또렷하여 통증을 참기 어렵게 하고, 간호하는 사람까지 어려움을 겪게 한다. 하루는 어머니가 '정말 힘들다, 얼른 죽게 약을 사다 달라'고 하셨다. 의식이 흐려진 상태라면 망령이 드셨다고 웃어넘기겠는데, 정신이 말짱하신 분이 진지하게 말씀하시니 무어라고 대답을 할 수가 없었다.

그때 나는 처음으로 안락사를 생각해보았다. 자식인 내가 약을 사다가 드릴 수는 없지만 누군가가 약을 사다 드렸으면 좋겠다는 생각을 했다. 어차피 가시는 길, 고통을 조금이라도 덜어드리는 것이 효도가 아닐까 하는 생각이 들었기 때문이다.

'긴병에 효자 없다.'라는 속담이 있다. 이는 오랜 시간 병자를 간호하다 보면 경제적 어려움과 정신적 고통 때문에 환자를 소홀히 대하는 경우가 생겨나는데, 이를 비유적으로 나타낸 말이다. 지금도 나는 어머니가 병상에서 고생하고 계셨을 때, 서운하게 하여 드리지는 않았나 하는 의구심으로 마음이 무거워질 때가 있다.

우리나라는 현재 소극적 안락사라 할 수 있는 존엄사(尊嚴死)는 인정하여가는 추세에 있지만, 인위적으로 생명을 단절시키는 적극적 안락사는 범죄행위로 보고 형법상 책임을 묻고 있다.

2012년, 폐암으로 중환자실에서 치료를 받던 아내의 영양공급 튜브를 자르고, 인공호흡 튜브를 뽑아 죽게 한 남편에 대하여 법원은 징역 3년에 집행유예 5년을 선고하였다. 당시 남편은 '아내가 편안하게 임종을 맞게 하는 것이 내가 해 줄 수 있는 마지막 선물.'이라고 자기주장을 폈다.

이와는 경우가 다른 이야기이다. 칠십 대 후반의 한 할머니가 병원에 입원하여 치료를 받다가 식물인간이 되었다. 치료가 장기화되자 가족들은 '무의미한 연명치료'를 중단해 달라고 요구하였다. 그러나 병원 측은 '살아 있는 환자의 치료를 중단할 수 없다.'라고 요구를 받아들이지 않았다. 가족은 대법원까지 가는 소송 끝에 '인공호흡기를 제거하라.'라는 판결을 받아내었다. 존엄사를 인정받은 좋은 사례라 할 수 있다.

인간 수명 백세 시대, 수명이 늘어나는 것은 축하할 일이다. 문제는 수명이 늘어나면서 죽음을 고통 속에서 맞이하는 사람들이 늘어나는데, 있다. 오랜 기간을 병마와 싸우면서 죽음을 맞게 되면 환자 본인의 고통은 말할 것도 없거니와 가족 모두가 고통 속에 살게 마련이다. 나중에는 가족해체 현상까지 가져오게 된다.

내 주위에도 병마에 시달리며 고통받는 사람들이 적지 않다. 그들을 보면서 제명대로 살다가 편히 죽는 것이 얼마나 큰 축복인가를 새삼 깨닫게 된다. 나도 머지않아 이 세상을 떠날 것이다. 언제 어떻게 떠나게 될까. 솔직히 궁금하다.

칠십 대 후반에 들어선 나로서는 언제 떠나도 문제 될 것이 없다. 그렇지만 '어떤 모습으로 어떻게 떠날 것인가?'라는 문제에 이르게 되면 솔직히 걱정이 앞선다. 며칠 앓다가 고통 없이 떠나야 할 터인데…. 긴 병으로 내 입에서나 가족의 입에서 안락사니, 존엄사니 하는 말이 나오지 않아야 할 터인데…. 수명을 다하는 날, 가족에게 고맙다는 인사를 하고, 편안한 마음으로 조용히 눈을 감고 싶다.

하나님! 고종명(考終命)의 복을 내게도 내려 주소서!

(월간 『문학저널』 2013년 11월호)

고독사(孤獨死)

10월 2일은 경로효친 사상을 앙양하고 전통문화를 계승 발전시켜온 노인들의 노고를 치하하기 위한 '노인의 날'이다. 노인의 날에 노인에 관한 어떤 기사가 실려 있나 궁금하여 조간신문을 펼쳐보았다.

10면에는 '치매 노인에게 잔반(殘飯)을 먹이며 돈 빼내 쓴 복지시설.'이라는 우울한 기사가 눈에 띄었고, 12면에는 '올해 100세 1,264명'이라는 기사가 있었다. 올해 100세 된 노인은 남성 200명, 여성 1,064명이고, 100세 이상 총인구는 남성 3,108명, 여성 1만 305명으로 모두 1만 3,413명에 이른다고 했다. 우리나라도 이제 100세 장수 시대에 접어들었음을 알리는 내용이다.

16면의 '부산 도심서 60대 노인 숨진 지 5년 만에 백골로 발견'이라는 충격적인 기사는 나를 혼란스럽게 하였다.

"집주인 정 씨는 자신의 집에 세 든 김 모(여·67세) 씨가 수

년 동안 보이지 않는 것이 이상해 방 출입문을 열어보고 깜짝 놀랐다. 방 가운데에 백골 상태의 시신이 누워있었기 때문이다. 시신은 두꺼운 옷을 아래위로 9겹을 껴입고 손에는 목장갑을 낀 상태로 반듯이 누워있었다. 경찰은 '2008년 김 씨를 마지막으로 봤다는 이웃들의 진술 등을 볼 때, 김 씨가 5년 전 겨울 난방이 제대로 되지 않는 집에서 추위에 떨다가 숨진 것으로 보인다.'라고 말했다. 김 씨가 사는 다세대 주택에는 3가구가 살고 있었지만 아무도 김 씨가 숨진 사실을 몰랐다."

이 기사를 보면서 분노가 치밀어 올라 나도 모르게 몸이 떨려왔다. 참으로 어이없는 일이 현실로 나타난 것이다. 공동체가 무너진 지 오래되었다고 하지만 5년 동안 이웃 사람이 보이지 않는데, 한 번도 문을 열어보지 않았다는 이야기이다. 이웃은 그렇다 치고 가족이나 친지는 어떻게 그 긴 세월 연락을 끊고 살았을까, 세상인심이 아무리 각박해지고 남의 일에는 관심조차 두지 않는 세태가 되었다고 하지만 도무지 이해가 되지 않는다.

홀로 추위에 떨며 죽어갈 때, 얼마나 슬프고 외로웠을까, 불쌍한 영혼은 이승을 떠나면서 분노의 발길을 어떻게 떼어 놓았을까.

친구 A는 어느 독거노인이 '전화벨 소리를 들어본 것이 언제인가?'라고 외로움을 토해내는 소리를 들었다고 하면서,

한동안 먼 산을 바라보며 말을 제대로 이어가지 못하였다. 우리가 사는 이 사회는 지금 어디로 가고 있는 것인가.

우리는 물질적으로 풍요를 누리고 있는지는 몰라도 정신적으로는 하루하루 더 피폐해 가고 있다. 극단의 개인주의적 사고, 물질 만능의 가치 현상, 가족, 사회공동체의 해체 등으로 우리는 불행의 늪에 빠져들고 있다. 사랑과 행복이라는 꿈을 잃어버리고 몰염치하고 몰가치 한 사회로 달려가고 있다.

몰가치, 몰염치한 사회로 접어들면서 고독사라는 이상한 죽음이 새로운 화두로 떠오르고 있다. '고독사'는'혼자 죽음을 맞이하고 일정 시간이 지난 뒤에 시신이 발견되는 고독한 죽음'을 의미한다. 이렇듯 외롭고 쓸쓸하게 세상을 떠나는 고독사가 연간 천여 건에 이른다고 하는데, 앞으로는 그 숫자가 더 늘어날 것이라는 암울한 전망이 나오고 있다. 문제는 이에 대한 속 시원한 해법이 없다는 것이다.

2013년 현재, 우리나라 독거노인 수는 125만 2천 명에 이른다. 이중 사회적 관계 단절 등으로 고독사 위기에 놓인 노인이 9만 5천 명, 일상생활능력 부족으로 고독사에 취약한 노인이 20만 5천 명으로, 30여만 명이 지금 고독사 위험에 노출되어 있다고 한다.

고독사 위험군(群)이 늘어나는 것은 1인 1가구 수 증가, 가족, 사회공동체의 해체, 만성질환의 증가, 외로움으로 인한 우울증, 경제적 빈곤 때문이라고 한다. 특히 빈곤 노인층은 제때 치료를 받지 못하여 병으로 사망하거나 생활고에 시달리다 스스로 목숨을 끊는 경우가 대부분이라고 한다. 참으로 안타까운 일이다.

이렇게 고독사가 늘어나자, 정부와 지방 자치단체에서는 여러 가지 대안을 내놓고 있다. 예를 들면 마을회관이나 경로당을 취사와 숙식, 취미생활, 놀이까지 함께할 수 있는 '독거노인 공동생활센터'로 활용하기도 하고, 독거노인과 새마을 부녀회원 간 결연을 하여 독거노인을 돌보게 하는 등 여러 방안을 모색하고 있으나 만족할 만한 해결책이 되지 못하고 있다.

가족과 세상의 무관심 속에 이승을 쓸쓸히 떠나는 불쌍한 사람들! 그들을 생각하면 가슴이 답답해진다. 어느 누가 혼자 쓸쓸히 세상을 떠나고 싶겠는가? 생리적인 여러 기능이 쇠약해져 저절로 죽는 자연사(自然死)도 슬프고 비통한 일인데, 홀로 죽음을 맞고, 죽어서도 오랫동안 시신이 방치되어 시취(屍臭)까지 풍긴다고 가정해보자, 망자는 얼마나 무섭고 서글픈 일인가. 또 산 사람들은 그 부끄러움은 어떻게 씻어낼 것인가?

어느 누가 '나와 고독사는 무관하다.'라고 자신 있게 말할 수 있을까….

(월간 『문학저널』 2013년 12월호)

사전연명의료의향서

과학 기술과 의술의 발달과 적절한 건강관리로 인간 수명이 늘어나 100세 장수 시대를 구가하고 있다. 예전에는 61세만 되어도 오래 살았다고 회갑연을 베풀고, 70세가 되면 드물게 오래 살았다고 고희연(古稀宴)을 열어 축하하였다. 그러나 지금은 남녀 공이 평균수명이 80세를 넘어섰다. 이렇게 오래 살다 보니 죽음을 고통 속에서 맞이하는 사람이 늘어나고 있다. 그것은 인간의 평균수명은 많이 늘어났으나 건강수명이 그에 미치지 못하고 있기에 일어나는 부작용이다.

2017년 말 통계청 통계에 의하면 2016년 우리나라 인구의 평균수명은 남자 79.3세, 여자 85.4세로 늘어나 있다. 그러나 건강수명은 남자 64.7세, 여자 65.2세로 평균수명에 크게 미치지 못하고 있다. 이 통계만 놓고 보면 남자는 15년을, 여자는 20년을 건강하지 못한 상태에서, 각종 질병에 시달리다가 세상을 떠난다는 이야기가 된다.

이렇게 오랜 시간 각종 질병에 시달리게 되면서 환자의 고통은 늘어나고, 가족은 '긴병에 효자 없다.'라는 속담대로 병간호와 경제적 부담으로 가족해체 현상까지 일어나고 있다. 여기에다 '죽음을 앞둔 환자의 무의미한 연명치료(延命醫療)'를 중단할 수도 없게 되어서 사회문제가 생겨나고 있다. 오래 사는 것보다는 건강하게 살다가 편안히 죽음을 맞이하는 웰다잉(well dying)을 소망하는 사회가 된 것이다.

12월 6일, KBS 아침마당 프로그램에서 '임종기 연명의료에 대한 당신의 생각은?'이란 주제로 방송인 E, 가수 K, 의사 O, 사회복지사 Y 등 네 명이 토론하였다. 토론은 처음에 '연명의료 필요하다.'라는 주장과 '연명의료 필요하지 않다.'라는 주장으로 나뉘어 진행되었으나 결국에는 '연명의료 필요하지 않다.'라는 쪽으로 의견이 모였다.

우리나라는 '연명의료 결정법(2018년 2월 4일 시행)'에 따라 회생 가능성이 없는 환자의 '연명의료' 중단 여부를 환자 본인 또는 가족이 결정할 수 있는 '연명의료 결정제도'를 시행하고 있다. '연명의료 결정법'이 시행되기 전까지는 연명의료를 중단하는 것은 실정법 위반이 되어 무의미한 연명의료가 계속될 수밖에 없었다. 그러다 보니 환자는 환자대로 고통을 겪어야 했고 가족은 가족대로 정신적 고통과 경제적 부담으로 가족해체 현상이 일어나기도 했다.

국내에서 연명의료 중단을 처음 법으로 인정받은 사례이다. "칠십 대 후반의 한 할머니가 병원에 입원하여 치료를 받다가 식물인간이 되었다. 치료가 장기화되자 가족들은 '무의미한 연명의료'를 중단하여 달라고 요구했다. 그러나 병원측은 살아 있는 환자의 치료를 중단할 수 없다."라고 요구를 받아들이지 않았다. 가족은 대법원까지 가는 소송 끝에 '인공호흡기를 제거하라.'라는 판결을 받아내었다. 존엄사를 법으로부터 인정받은 첫 사례이다.

우리 모두에게 정신적 지도자였던 김수환 추기경이 2009년 86세에 타계하셨다. 그는 인간으로서 존엄성을 지키고자 의료진에게 무의미한 연명의료를 하지 말도록 여러 차례 당부하고, 장기 기증 서약을 하였다고 한다. 그래서 선종 직후 안구 척출 수술이 이루어지기도 했다. 사실 종교계에서는 '회복 불가능한 환자의 상태에 대한 정의가 명확하지 않고, 살고 죽는 것은 인간의 선택 범위를 벗어나 신의 영역'이라는 입장 때문에 연명의료 중단을 반대하는 의견도 없지 않다.

하여간에 치료해도 회생 가능성이 없는 환자의 행복권과 자기 결정권을 존중하여 무의미한 연명의료를 중단할 수 있게 된 것은 다행스러운 일이다. 이 경우, 의료중단 결정은 가능하면 환자 본인이 해 놓아야 한다. 그러지 않고 가족이 결정하도록 미루어 놓으면 가족 간 이해관계에 따라 여러 가지 복잡한 문제가 생겨날 수도 있다.

나도 편안한 죽음을 맞이하고 싶은 마음에서 지난해 4월, 국민건강보험공단을 찾아가 새로 시행된 연명의료 결정법에 따라 '사전연명의료의향서'를 등록하였다. 그랬더니 '사전연명의료의향서 등록증'을 보내왔다. 전면에는 내 이름과 생년월일, 등록일(2018. 04. 12), 등록기관(국민건강보험공단)이 기록되어 있고, 후면에는 '국가생명윤리정책원 연명의료관리센터' 명의로 "귀하께서 작성하신 '사전연명의료의향서'는 보건복지부 지정 국립연명의료관리기관에서 보관하고 있습니다."라고 기록되어 있다. 이제 무의미한 연명치료는 받지 않아도 된다.

우리도 죽을 때 고통 없이 떠나기를 예전부터 소망해왔다. 그래서 편안하게 죽음을 맞이하는 고종명(考終命)을 다섯 가지 큰 복〔壽·富·康寧·攸好德·考終命〕의 하나로 귀중히 여기고, 그 복을 누리게 되기를 기원하여 왔다. 나는 얼마 전까지만 해도 고종명을 오복에 포함 시킨 까닭을 제대로 알지 못하였다. 이제 나이 팔십을 넘기고 나서야 그 까닭을 어렴풋이 깨닫게 되었다.

내 나이 올해 81세이다. 살 만큼 살았다. 언제 죽어도 문제될 것은 없다. 그래도 궁금한 것은 내가 '언제 이 세상을 떠날 것인가, 어떤 모양으로 떠날 것인가.' 하는 문제이다. 솔직히 더 걱정되고 궁금한 것은 내가 편안히 죽음을 맞이할 수 있는가 하는 문제이다.

이 세상을 떠날 때, 고통 없이 편안하게 떠나고 싶다. 고종명의 큰 복을 누리고 싶다.

(『한국문학인』 2019년 여름호)

임종(臨終) 체험

그리움

어젯밤에도 보았지요
달무리 맴을 도는 하얀 그늘 속에서

오늘 아침에도 보이네요
보리밭이랑 아지랑이 너울 속에서

그리움이에요
아련한 사랑의 그림자

떠나지 마세요
바람 따라 물결 따라

바라만 볼게요
먼발치에서 잔잔한 미소로.

선선한 바람이 옷깃을 여미게 하는 가을밤, 구리아트홀 옥상 정원에서 제22회 구리문학의 밤 행사가 있었다. 나는 자작시(詩) '그리움'을 영상화하여 낭송으로 대신하였다.

'그리움'의 대상에는 자연과 사물, 사랑과 정(情) 등 모든 것이 포함된다. 좀 더 구체화하면 사랑하는 사람도 될 수 있고, 젊은 날의 아름다운 추억도 될 수 있다. 아니면 돌아가신 어머니, 아버지도 될 수 있다.

그리움이라는 추상적인 내용을 영상화하기 위해서는 그 대상을 먼저 설정해야 했다. 생각 끝에 그리움의 대상을 덧없는 인생, 쉼 없는 세월로 정하였다. 그리고 강물보다 더 빠르게 흘러가는 야속한 세월, 덧없는 인생을 그려내기 위해서 흘러가는 강물과 이름 모를 들꽃, 삶의 끝자락에 자리한 죽음 장면을 영상에 담기로 하였다.

누구나 반드시 겪어야 할 죽음, 사랑하는 모든 걸 두고 홀연히 떠나야 하는 저승길을 상상하고, 체험함으로써 남은 인생을 후회 없이 살아보겠다는 생각에서 임종체험을 계획한 것이다.

영상작가와 함께 영등포구 영중로에 있는 임종 체험장을 찾았다. 그곳에서 누구나 겪어야 하지만 누구나 피하고 싶은 죽음을 가상이지만 잠시 체험함으로써 화해·용서·사랑의 가치를 어렴풋하게나마 깨달을 수 있었다. 그리고 어떻게 하면 여생을 행복하게 살 수 있을까 하는 성찰의 시간을 통하여 새로운 나, 행복한 나를 발견할 수 있었다.

영정 사진을 찍고, 유언장을 작성하고, 죽음(입관) 체험을 하였다. 영정 사진을 찍을 때까지만 해도 쑥스럽고, 공연한 짓을 한다는 생각이 들었었는데, 검은 리본을 두른 영정 사진을 앞에 놓고 촛불을 밝힌 상태에서 유언장을 쓰다 보니, 나도 모르는 사이 진지한 모습을 하고 있었다.

유언장에 무슨 내용을 쓸 것인가? 막상 펜을 들고 보니 쓸 내용이 떠오르지 않는다. 순간, 유언장을 남기려면 그 유언장에 무슨 내용을 담을 것인가를 죽음을 맞기 전에 미리 정리해 놓을 필요가 있겠다는 생각이 들었다.

관(棺) 속에 드러누우니 무거운 덮개가 탕하고 닫힌다. 가상인데도 캄캄한 관속에 드러눕고 보니 묘한 기분이 들었다. 지금은 가상 상황이지만 머지않아 실제 상황이 되겠구나, 생각하니 지난 세월에 일어났던 크고 작은 일들이 순간이지만 주마등처럼 스쳐 지나갔다.

참으로 덧없는 것이 인생이구나, 그동안 무엇 때문에 그리도 집착하고 갈등하며 힘겹게 살아왔는가? 평범한 일상이 삶의 본질이고 행복이로구나, 이제 모든 욕심을 내려놓고 하루하루 즐겁게 살아가자!

집착과 욕망의 늪에서 허우적대던 나에게 '삶이란 한 조각 뜬구름이 일어남이요, 죽음이란 그 한 조각 뜬구름이 사라지는 것이다.'라는 어느 스님의 말씀이 한 줄기 빛으로 다가온다. 또 매죽헌 성삼문의 "황천 가는 길엔 주막이 없다는데, 오늘 밤은 뉘 집에서 자고 갈까"라는 시구(詩句)가 잔물결을 이루며 내 마음을 흔들어 놓는다.

임종체험을 통하여 삶이란 것이 얼마나 덧없는 것인가를, 죽음이란 게 얼마나 외로운 길인가를 새삼스레 깨달을 수 있었다. 그리고 찰나나 다름없는 인생길에 가장 소중한 것은 어제도 아니고 내일도 아닌 오늘이라는 사실과 이 세상에서 가장 값지고 귀한 것은 잘났든 못났든 간에 나 자신이라는 것을 확인할 수 있었다.

석가모니께서는 천상천하유아독존(天上天下唯我獨尊), 즉 '온 세상에 자기보다 더 존귀한 것은 없다.'라고 설파하셨다. 석가의 말씀대로 이 세상에서 가장 존엄한 존재는 나 자신이다. '나' 없는 세상은 아무런 의미가 없는 것이다.

오늘부터 욕심의 짐을 모두 내려놓고, 집착의 끈도 끊고 즐겁게 살아갈 수 있을 것 같다. 가상이지만 죽음을 체험하고 돌아가는 길인데도 이상하게 발걸음이 가볍기만 하다.

(졸저 『보리 풋바심』 2018년)

('그리움'이란 시를 영상화한 작품은 '유투브'에서 '한명희 시인의 그리움'을 검색하면 볼 수 있다.)